歷史學家寫給所有人的

中國史

從環境、氣候到貿易網絡，
全球視野下的中國史

岡本隆司——著
侯紀安——譯

世　界　史　と　つ　な　げ　て
学　ぶ　中　国　全　史

目次

第六章　現代中國的原點——明朝

第七章　清朝的地域分立與官民疏離

前言——重新評價中國

眼看鄰國中國在經濟和軍事層面雙雙崛起成為一介大國，無論喜歡與否，現代日本人都無法再繼續無視其存在，過著原本的生活。那麼，究竟該如何面對中國才好呢？

關於這個問題，如果局限在目前日本與中國之間發生的表面事態，可能一不小心就會做出錯誤的判斷。有關現代中國的情報消息多如牛毛，但不外乎讓人感受到幾點：諸如不推行民主、也非國民主權國家。我們更不能囫圇吞棗地接受政府發表的官方數據。總而言之，那是一個詭異的國家。

沒錯，聽起來似乎頗為詭異。不過，如果就此擱置不管，就無法看穿中國的真實面貌。決定要以「詭異」一詞形容中國之前，關鍵的決定因素，在於正確把握歷史的慧眼。

我們眼前的現代中國，是過去歷史重重累積的結果，也是時代長河中的中途站。至少筆者認為，如果不了解中國歷史演變的過程，即便做出「無法理解中國人的想法」、「中國對日本而言是一個威脅」等評論，也不具任何意義。

癥結點在於，由於無法準確掌握中國的演變過程和歷史，一般日本民眾的觀點即便充滿偏見，卻也無法會意自始至終自己原來抱持著「偏見」。

於是，在這種現代的偏見作祟下，不知不覺間，您的腦中是否就浮現以下幾種想法呢？像是中國從遠古以前就是個強大的統一國家，或者是中國一直都很強大，是亞洲的霸權國家等等。「中國是個特例」或「無法理解」等現代人常有的印象，其實都是前述的原因所造成的。

因此，學習真實的中國史是至關緊要的關鍵。只有透過這個方法，最初對現代中國所抱持的種種疑問，才有機會能抽絲剝繭、了解其本質。

談到歷史，無須拘泥在枝微末節的年號、人名、或是事件。準確掌握時代特徵及其流變才是重點。

本書將一氣呵成描寫中國如何從文明的發祥地走到今日的發展，同時也與現代連結，致力刻劃真實的中國樣貌。

第一章

從黃河文明到「中華」誕生

乾燥地區與濕潤地區，將人類的生活截然二分

不管想要學習哪個國家或區域的歷史，首先最重要的事情就是了解舞台設定，亦即所謂的大前提。

人類生活的基礎，不外乎食、衣、住三者。換句話說，促使此三者成立的自然條件與生態環境，就是生活的舞台。舞台設定一旦不同，食、衣、住以及生活方式也會出現巨大的差異。

聽起來十分理所當然，我們人類稀鬆平常地生活在其中，自然也非常了解這種運作方式。不過，可能就是太熟悉了，反而不容易放在心上。如果不把上述前提放進腦子裡，就難以利用自身經驗去想像、洞察、理解歷史上各種變化和事件，也會因此少了閱讀歷史的醍醐味吧。

然而，目前為止所講述的「世界史」中，這個大前提卻意外地常常被忽視掉。無論是戲劇或是故事，大多都已經設定好一個舞台和場景。一般來說，觀眾和讀者也不甚在意，而歷史論述的情況，也時常落入相同的窠臼。

西方的世界史觀一向認為，只要同屬人類，不分地域，一定都以相同的模式思考和行動，也可以推論出相同的歷史經過。若是局限在西方相關的主題，這套邏輯或許行得通。但是，研究世界整體的世界史，卻不能作如是觀。這個觀念從過去持續至今，特別在全球史變成一種口號的今天，更難全面性地進行重新梳理。

為了導正這種毫無自覺的盲點，筆者決定在本書的一開始，就替中國史設定一個獨特的舞台。

連同中國在內的歐亞大陸，是地球上面積最大的大陸。由於面積遼闊，海岸線也顯得相對較短。換句話說，沒有傍臨海岸、和水源無緣的陸地非常廣大。

無庸贅言，距離海岸線較近的地方，自然濕氣較多，形成濕潤氣候。相反地，離水較遠的內陸地區則是乾燥氣候。這是以非常簡單的氣候和區域作為區分的大前提。按前所述，環境不同，居住在土地上的人們，其生活方式也跟著有所歧異。

從居住地一窺農耕與遊牧的差異

隨時能取得水源的濕潤地區，比較容易控制植物的栽培。隨著農耕技術發明之後，定居生活也成為一種可能的選項。對人類的生存而言，濕潤地區是極為有利的環境。

乾燥地區作為對照組，由於幾乎沒有水源，對任何生物而言，都是嚴酷的生存環境。典型的代表地形即為沙漠，到了那種地步，幾乎就是文字所形容的「不毛之地」。但再怎麼乾燥，也非全然屬於沙漠地形，還是有些區域會出現植被，這便是所謂的草原型氣候（草原地區）。[1]

再說明得更具體一點吧。位處草原型氣候的草原地帶橫跨東西，大約分布在北緯四十五度到五十度之間。東起大興安嶺東麓，經蒙古高原、中亞的準噶爾盆地、哈薩克草原，西抵南俄草原至東歐的匈牙利大平原，幅員相當遼闊。草本植物在這個地帶生長得十分茂密，形成適宜畜牧的自然環境。

由於動物也能在這個地方生存，對人類來說，就有可能將這些動物當作家畜，採行畜牧方式生活。有了動物產出的乳製品和肉類，也能賴以為生。

不過，絕大多數乾燥地區的草原，只會生長在特定的季節和區域。在資源條件匱乏的情形下，如果想繼續從事畜牧，就必須在不同的草原之間重複移動，過著不安定的生活。「遊牧」一詞，就是形容這種型態；而「遊」的意思，便是指不在同一個地方停留。在這裡，人類的生存條件非常嚴苛。

農耕民族和遊牧民族的差異，在服裝上也是一目了然。不只外型不同，材質本就相差甚多。農耕民族的服飾多以植物纖維製成，而遊牧民族的服飾則使用動物的皮革。

當然兩者之間的差異不僅限在衣食方面，風俗習慣也天差地遠。

舉例來說，遊牧民族不敬長者，而以年輕人為尊，沒有所謂的敬老精神。另外，父兄死後，其妻也由其子弟再娶，跟「搶婚」沒有什麼差別。對世代身

1　譯註：日文為ステップ（steppu），源自德文的 steppe，意指草原。這裡是指柯本氣候分類法中的「草原型氣候」（縮寫為BS）。

為農耕民族的日本人而言，遊牧民族的風俗相當難以理解。

為什麼農耕民族與遊牧民族的風俗習慣相差甚遠

這個小節，就讓我們來參考中國的歷史紀錄吧。

以下這個軼事，摘錄自司馬遷所著之《史記》中的〈匈奴列傳〉。如讀者諸君所知，《史記》乃是中國第一部有系統的史書，完成年代約在西元前一世紀的漢朝；而匈奴則是當時勢力最大的遊牧民族國家。在那個時代的東亞，漢朝和匈奴壁壘分明，屬於競爭的敵對關係。

「匈奴棄老人如敝屣，該當何論？」

「在漢朝，年邁的雙親難道不會拿出保暖的衣物和美味的食物給予遠征從軍的士兵嗎？」

「當然會。」

「匈奴的工作就是戰鬥。老弱既無法戰鬥，將美味的飲食提供給健康的年輕人，才是貫徹自衛的方法。如此一來，父子的性命都能保全，絕非匈奴輕鄙長者。」

「在匈奴，父子睡同一頂穹廬。父親死後，兒子娶其後母；兄弟若死，則將其妻子納為己有，根本是違背倫常的做法。」

「匈奴的君臣關係十分單純，一國之政猶如修身。父子兄弟死後，娶其妻是為了不使一族血脈斷絕。匈奴情勢再混亂，必定會確立宗祧。反觀中原，表面上雖不納父兄之妻，但親族之間感情疏遠，相互屠戮之事時而有之，乃至天下被異姓所奪，又該當何論？」

參與這場辯論的有兩人，一名是代表農耕世界的漢朝使節。另一位名喚中行說，代表來自遊牧世界的匈奴。中行說原先是漢朝人，歸化匈奴之後，遂被交付外交工作。這場對談發生在漢文帝在位期間，時間約莫是西元前二世紀左右。

中行說之言，反駁了漢朝使者的偏見，清楚地解釋遊牧民族生活方式和習俗的合理性。那麼就再讓我們多聽聽他的意見吧。

在匈奴，食家畜之肉、飲其乳、著其皮。家畜則食草、飲水、伺時而動。因此匈奴人都善於騎射，有事則勞、無事則眾人同歡。規矩也不繁瑣，容易實行。

匈奴的人口不滿漢朝的一郡，卻如此強大，是因為衣食與漢朝不同，無須仰賴漢朝的物產。如今若改變習俗，戀慕漢朝之物，漢朝只需使用兩成物產，便能掌握匈奴命門。即便得到漢朝的布絹，一旦在草原上騎馬奔馳，就會被荊棘劃破，變得破碎不堪，遠不及毛皮堅韌。另外，就算得到漢朝的食物，也不如乳酪來得簡單美味。

中行說不愧原先出身農耕世界，即便是我們，也能理解他想表達的意思。

總而言之，歐亞大陸的生態環境，竟然孕育出了兩種截然不同的生活類型，一者從事農耕、定居為生；一者則逐水草而居，從事畜牧。以上所述，就是歷史發展的前提。

在農耕和遊牧民族交界地帶誕生的文明

妹尾達彥教授所作的圖表1-1，從空間和地理角度，清楚地勾勒出遊牧世界和農耕世界的位置。藉由此圖，中國、歐亞大陸、阿拉伯半島，甚至遠至非洲大陸的農耕地區和遊牧地區是如何劃分的，都能一目了然。

自然，人類在各式各樣的地方生活起居，但歷史的「誕生」卻不只是建立在這樣一個單純的理由上。比方說，人類生活的足跡已經出現在圖表1-1沒有畫出的美洲大陸上，但放到世界史的脈絡來看，他們卻還沒登場。這是因為歷史通常和人類生活樣態的紀錄綁在一塊。同時，審視其延續到後世的過程，也是「歷史」的必備條件之一。

在史學研究的世界，這是所謂的「歷史資料」。歷史資料當中的「史料」，

圖表1-1　遊牧世界與農耕世界

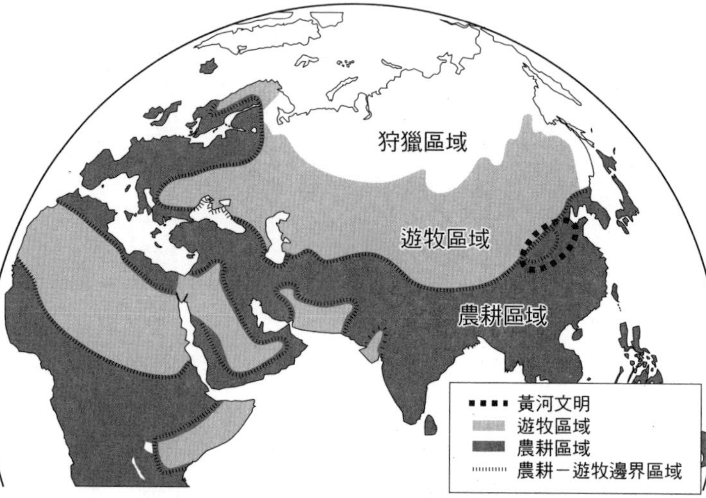

出處：據妹尾（2018）為基礎製圖。

則專指文字紀錄的文獻。另一方面，「資料」為總稱，非文字的物品、出土文物、或圖畫皆包含在內。這兩者都是研究材料，如能藉此找出蛛絲馬跡，成果可是彌足珍貴。

換個角度來看，歷史的起源，就是來自於這些古代的歷史資料能保留至今的區域。而這些地方，通常是「古代文明」蓬勃發展的地區。世界史上每一個「古代文明」，基本上都擁有文字。

也有些例子，是到了後世才留下紀錄，記載當時曾有文明發展。中國的長江文明就是典型的案例。雖然擁有和黃河文明比肩的高度發展，卻沒有留下獨自的文字紀錄，以至於日後被視為從屬於北方黃河文明的一部分。因此，在相對近期的考古學或相關科學研究中，長江文明的存在才會被忽視掉。

所以，若要從頭講述歷史，把「古代文明」作為起點，可說是恰如其分。關鍵在於，古代文明都出現在乾燥地區和濕潤地區的交界地帶。正如圖表1-1所示，若問到中國最具代表的「古代文明」為何，黃河流域就正好在這個交界區塊。

黃河流域基本上是乾燥氣候，因為溫度較高，引水流入之後就有機會從事農耕。同時，也是因為此處是一塊完全沒有遮蔽物的遼闊平原，遊牧民族得以輕易地長驅直入。

那麼，為什麼交界地帶會發展出強大而繁榮的文明呢？只要稍作思考，便不難得知理由。因為乾燥地區和濕潤地區，處在極端不同的氣候帶，具備相異的生態系統、生活方式和風俗習慣，正好擁有對方所沒有的特色。

沒有的東西，就由交易取得吧

舉例來說，在飲食的攝取上，其中一方吃植物性的蔬菜和穀物，另一方則是以動物性的肉食和乳酪為主。任誰都應該考慮過，只要交換其中的一部分，就能換來彼此缺乏的食材，替餐桌上的料理增色，而這當然也不僅限於飲食方面的考量。

下面，筆者繼續引用中行說的論點。

「漢朝的使者啊，不必多言。如果漢朝向匈奴獻上的絹布和穀物，質量俱佳，那便好談。如果數量不足、品質粗劣，到了秋天收穫之時，我方自會派遣騎兵前去踐踏你們的穀物。」

與使節的對外交涉中，中行說展現了霸氣與威嚇，在我們眼裡看來，似乎難免恐嚇暴力之嫌。但如果深入理解這段發言，又該如何判斷呢。

中行說首先表示，匈奴不稀罕漢朝的物產。儘管如此，他也不得不承認在遊牧世界，農耕世界的衣料食品仍有必要。同時，我們也不能忽略他的弦外之音，如果無法滿足需求，匈奴也會訴諸武力手段。

換句話說，在雙方互保和平的情況下互通有無，才是一種常態。至於要如何實現這項目標，簡單來說，就是交換。

於是，雙方之間的交涉和交流逐漸在交界地帶展開，也出現了彼此來往的交易據點，並更進一步形成了市場。

不可諱言，與思考邏輯和生活方式完全相異的人群交流，雖說能增廣見聞，爭端卻也無窮無盡。交換什麼？以何種條件交換？諸如此類的問題，交涉和商談絕對不可或缺，這也是古往今來不變的真理。

往來成立以後，首先語言一定會隨之發達。接著為了解決紛爭，也會採取保存紀錄的方法。現在的轎車可以安裝行車紀錄器，但當時既無法留存圖像或影像，就只能付諸文字了。因此，我們可以得出結論，在遊牧世界和農耕世界之間的交界地帶，雙方一來一往，長久累積下來，以文字紀錄為主而出現的「古代文明」也會愈來愈發達。

不過，以上終究只是假說，並沒有得到實證。另外，究竟是否能可獲得實證，筆者也對此存疑。但是，藉由今後的研究，提出更有說服力的論述，應該是指日可待。

透過「文明地圖」，將歐亞大陸劃為四塊區域

以上所述是以中國為中心大致上設定的舞台背景。下一步，讓我們根據古代中國和東亞的地理位置，來進一步思索吧。

梅棹忠夫教授在其名著《文明的生態史觀》（文明の生態史観）中，提出一個名為「文明地圖」的概念圖。將其稍作整理，便是圖表1-2。

先前已談到，遊牧世界和農耕世界的交界地帶之間會產生市場的據點。基

圖表1-2　歐亞大陸「文明地圖」的劃分圖

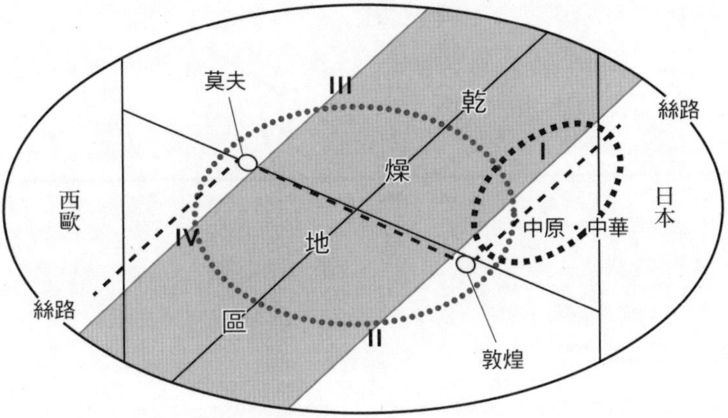

出處：據梅棹（1974）為基礎製圖

本上，北方是遊牧地區，南方則是農耕地區，與此同時，交界地帶也往東西向延伸，並形成了今天稱之為「絲路」的中樞道路。

特別是中亞地區內，由東邊的敦煌至西邊的莫夫（Merv）一帶（圖表1-2中以虛線框起的部分），今日被稱為「突厥斯坦」。在十五世紀末開始的大航海時代之前，這裡是世界史上最重要的區域。

圖表1-2的「文明地圖」，正是抽選出這幾個範圍，再繪製而成的略圖。如果將此範圍實際套用在地圖上，則可參考圖表1-3，在此圖中

圖表1-3　區域劃分地圖和絲路

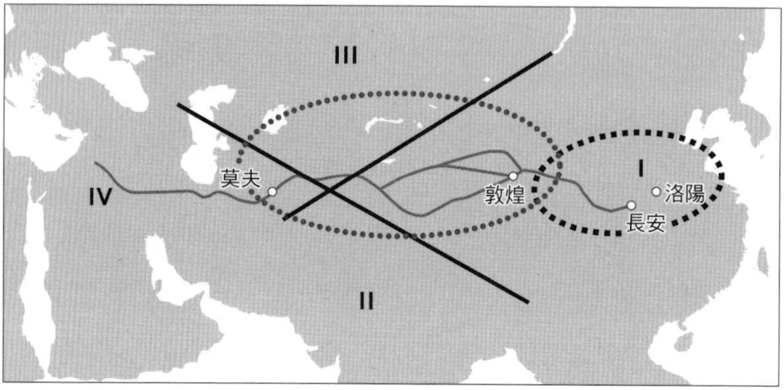

就能比對出絲路的位置關係。

歐亞大陸並非全是平坦的土地，中央地帶有著險峻非常的山脈「帕米爾高原」。若依圖表1-3所示，正好在兩條斜線交叉的位置上。

這道山脈阻擋了人群往來，自然不必贅言。而以此為界，人類的居住圈也被劃分開來。若以圖表1-3的交叉線為基準，可以將各個地區簡單分為「I」、「II」、「III」和「IV」等四區。其中，第「III」區位處北亞的寒冷地帶，人口稀少，先排除在討論範圍之外。

第「I」、「II」、「IV」區，正好各自位於乾燥區域和濕潤區域，它們的共通點就是文明相當興盛繁榮。第「II」區所在的南亞地區，由北部的乾燥區域和恆河、印度河組成，並發展出印度河流域文明（Indus Valley civilization）。第「IV」區的西亞，則擁有占地遼闊的中亞草原和水源豐沛的西部地區，因此孕育出古代近東文明（Ancient Near East civilizations）。

而第「I」區位居東亞，範圍大約等同於現代的中國。從黃河流域到長江流域這一大片廣闊的沖積平原，便是主舞台所在。大致上可將前者劃分為乾燥區域，後者劃分到濕潤區域。絲路從敦煌一路延伸至黃河流域西端的長安，也可以從那裡再往東而行。這裡便是東亞遊牧和農耕之間的交界地帶，也成為黃河文明的發祥地。

換句話說，在歐亞大陸各地的「古代文明」群起出現的過程中，中國史是以東方區塊的角色開始茁壯。誠然，每一個獨立的文明不可能單打獨鬥，比較合理的思考方式，應當是某處的新發明，透過絲路傳播到各地，又促成了彼此的發展。

受到古代近東文明影響的黃河文明

那麼，領先群雄，最早發展出文明的地方是哪裡呢？筆者認為非第「Ⅳ」區的古代近東地區莫屬。舉例來說，古代近東地區不僅是第一個擁有文字的文明，也首先在遊牧和農耕地區間的交界地帶發展出蓬勃的商業活動。同時，以市場為中心建立聚落的居住型態，也是由此開始，綠洲城市即屬於此類。

另外，市場的出現，象徵財富匯集。為了保護財產，人們自然會利用牆壁包圍聚落四周，這也是「都市國家」的起源。

根據現在的研究，美索不達米亞的蘇美已被確認是該區最古老的文明，而文明的進展也從埃及和敘利亞往地中海傳播，進一步擴展到希臘以西。另一方面，這股影響力也藉由絲路傳至第「Ⅱ」區的南亞印度地區。

話說回來，打從亞歷山大大帝東征的時候開始，第「Ⅱ」區的印度就承受西方源源不絕的壓力。我們不難想像，早期的文明發展因而受到多麼深刻的影響。

然而，第「I」區的東亞，究竟受到多少來自第「IV」區和第「II」區的影響，則無法判明。具體而言，究竟是什麼流傳到了黃河文明，又是透過何種方式，皆難以提出實證。

話雖如此，筆者認為東亞確實受到中亞地區一定程度的影響。不管是都市國家的構想，或是青銅器和鐵器的發明等，最一開始都是由位於西方的古代近東地區率先發展，過了一段時間之後才傳播到東方。

總而言之，如果以文明程度作為評比的標準，西方無疑較為先進。而東方與西方相比，則處於相對晚熟的位置。在探討中國文明時，也必須在此大前提下進行論述。另外，我們也能得到另一項推論：黃河流域因為和絲路相連，也更容易接受西方傳來的先進文明。

談到這裡，不妨聊聊一段軼聞。在日本，貝塚茂樹的著作《中國的歷史》（中国の歴史）過去曾經是人氣暢銷書，現在卻完全沒有參考價值。在筆者的學生時代，此書曾被譽為學習中國史的必讀書籍。但那時候，就曾耳聞不少讀者無法忍耐內容枯燥乏味，而將此書束之高閣。老實說，筆者也是其中一員。

當然，並非全書的內容都很無聊。例如其中一段談及「中國在地理位置上的孤立性」，就讓人頗能理解。東亞與世界隔絕，擁有獨特的歷史，聽起來的確很有說服力。

《中國的歷史》一書中表示，中國的西側有山脈和沙漠，東側則是海洋，所以形似「孤立」。至於北方雖然門戶大開，但時不時就有遊牧民族前來干擾威脅。因此造就了獨自發展、獨善其身，甚至是停滯的文明。

然而，現在重新檢視，這段推論似乎有點奇怪。正如目前為止所提過的觀點，西側既然建立了一條交流的通道，理應有更多文明傳入。由此可知，貝塚茂樹的書中給予筆者最大的反思，就是不要過度拘泥於中國文明的獨立性和特殊性。

都市國家互爭霸權的春秋戰國時代

接下來，筆者將概略說明中國的起源。

原先「中國」或「中華」所代表的含意，都是中央、中心、正中間的意思。打個比方，就是偶像團體中最火紅的「C位」。話雖如此，這個國家以「中國」為名，並且進一步成為專有名詞，卻是從二十世紀開始。在那之前，用來對譯英文中「China」的中文，通常是以不同時期的政權名稱代之。

前面也曾提到，早期的中國便有都市存在。延續到西元前五世紀左右的春秋時代，當時的都市以漢字表記便是「邑」。「邑」這個字，也是漢字部首之一。以「都」字來說，部首就是右半邊的「阝」。所以這個字的原意，指的是都市的一種，也就是所謂的「大都市」，同時也有「都城」的意思。

不過，無論都市的規模有多大，和日本的東京或京都等城市最大的不同，在於都市的四周完全被城牆所包圍。在現代中國，提到「City」或「Urban」，大多翻譯為「城市」或是「城」，而城牆中規模最大的就是萬里長城。

對日本人而言，提到「城」這個字，應該會聯想到二條城或姬路城；但對中國人來說，這兩個地方不是「城」，而是「要塞」。而且，因為日本都市並沒有城牆環繞，以中國的標準而言也稱不上是都市，只能算是村莊或聚落。

就這一點來看，日本史就無法當作世界歷史的標準。想要在外國史或世界史中找到可以和日本史的概念相符合的條件，幾乎是天方夜譚。

以上姑且不論，總之，包圍「邑」的牆壁並不只一層。都市愈大，內部不僅會築「城」，外側也一定要建「郭」。兩者並稱，就是「內城外郭」。像是現今的北京城就有三層城牆守護。第一層環繞皇帝所在的居所，第二層則繞住政府機關，第三層則是圍住一般市民起居的生活區域。

這便是中國的都市一景。早期的中國，都市擁權自立，彷彿不同的獨立國家，因此又稱之為「邑制國家」。這無數個都市國家造就了春秋時代，戰國時代則緊接在後。

根據宮崎市定教授的分析，「國」是一個象形文字，可能勾勒出了當時都市國家型態。中間的「或」，「口」代表人，「戈」代表「矛」，「一」則是地面，也就是人舉著矛，站在地面上的形象，四周則被「口」，也就是城牆包圍。手持武器，意味著政治上的自立或獨立狀態。代表只要有人試圖入侵，就會以武力回擊。

多國並立的情況要持續到西元前三世紀左右，才由秦始皇統一戰國紛亂。經過戰國時期，都市國家雖然逐漸合為主要的六國，最終仍在秦始皇手下合併成為一國。

其實，方才提到的宮崎教授，也曾指出上述這個過程，和希臘走向羅馬帝國的歷史正好平行發生。希臘原先擁有無數城邦，隨後逐漸融入雅典和斯巴達等兩處重鎮。這股風潮傳到義大利半島之後，勢力便以羅馬為中心開始集中，之後甚至併入北非的迦太基，成立羅馬帝國。

回到中國，都市國家繁榮的景象，主要出現在黃河流域。先前提過，長江流域雖也有一定程度的文明發展，但黃河流域的都市國家漸次接受文化、鐵器和騎馬戰術等先進的技術，長江流域無從匹敵，最終難逃敗北的命運。

換句話說，中國雖然吸收了西方所帶來的文明，以及都市國家式的國家型態，但只有在黃河流域順利發展。這個地區會在東亞這個舞台占據核心地位，恐怕也是必然的走勢吧。

「漢字」改變了東亞各國的語言

先前提過，文明發達之處，文字定然隨之誕生。語言可分成幾種不同系統，詳細的一覽圖可參考圖表1-4。用圓圈框起來的部分，分別對應上述的第「Ⅰ」區、第「Ⅱ」區和第「Ⅳ」區。從圖中我們可以看出，東亞地區以中國的漢字為基礎，又派生出幾種不同的語言。

若要如實呈現不同文字系統的差異何在，關鍵在於文字的排列順序。根據圖表1-4所示，橫書的文字體系較多，並同時包含從右和從左書寫的語言。特別在古代近東地區，兩者都包括在其中。

這個區域原先居住著波斯族和閃語族等不同民族，最終由閃語族的阿拉伯人創立伊斯蘭教。伊斯蘭教聖典的書寫方式被由右開始書寫的阿拉伯語統一之後，阿拉伯世界的文字書寫系統就此定為一格。另一方面，印度和歐洲的語言，則一律為由左向右書寫。

話說回來，東亞的文字書寫以縱書為主，和古代近東地區大相逕庭。雖然

圖表1-4　歷史上的區域與其文字排列

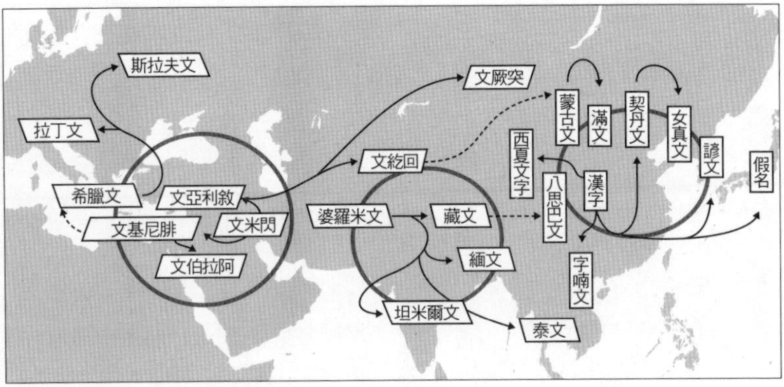

出處：據宮崎（1998）為基礎製圖。

原因不明，但書寫的方法一旦固定下來，就不容易改變。作為傳達意思的手段，這點已經成為共通的準則。

同時，書寫模式的影響力也觸及日本。原本日本人在狹長的列島以農耕和漁牧為生，和其他種族或團體交流或貿易的機會並不多，所以不需要文字作為溝通的手段。然而，來自中國的文明強勢進逼後，文字成為必要，漢字也融入日文的表記方式，開始廣泛使用。

正如上述，當時的日文必然經歷過巨大的變革，書寫方向也配合中國，採取縱書。不只是日本，東亞各地的語言也經歷過類似的演變過程，同時受到漢字的影響。

有了「外夷」，才生「中華」

簡而言之，不管是都市型態，或是語言文字，東亞大致上都以中國為中心，發展出了共通的文明。即使遠隔重洋，中國仍舊影響了其他地區人民的生活方式、風俗和文化。這也讓中國加深了一個觀念：自己特別突出，和周圍地區不同，居於中心地位。文化和文明中心的黃河流域被稱之為「華」、「中華」、「中原」或「中國」，邑和國的統治階層則稱為「諸侯」。無論是「中原」或「中國」，在中文裡頭，指的都是中心地的意思。

於是這個地區的人，認定自己才是「中華」，是偶像團體中的C位。從春秋戰國時代開始，原先並駕齊驅的「諸侯」，一個接著一個被淘汰，最終留下來立於頂峰的人就是「天子」，中國的政治體系至此也確立下來。秦朝之後，漢朝續立，就是遵循這套邏輯。

此外，黃河流域之人對於居住在周邊區域，擁有不同習俗、文化、文明，卻又沒有文字的民族，斥之為「夷（野蠻人）」。「夷」和「華」成為極端對立的詞組，就算再各自添上一字，變成「外夷」和「中華」，意思也完全相同。這一點，和古希臘人稱呼自己為「希臘人」（Hellenes），稱呼異邦人為「蠻族」（Barbarian）的狀況非常類似。

圖表1-5，是把以上的概念轉為模型化的構圖。這張圖表不只表現了秦朝和漢朝的情況，也是中國每個朝代共通的觀念秩序。首先，圓形的中央是中華，被地方所包圍，地方的外側是朝貢國，更遠處則是野蠻的「外夷」。愈靠近圓形的中心，「中華」的程度就愈高，愈遠則愈低。

另外，這個圖也可以透過立體的圓錐體呈現。當然，中央代表最高處。所以站在頂點、君臨天下的人是「天子」；而外夷則往外降低。這兩張圖正確的理解方法，並不是按照階級之分，彼此之間有明確的分界，而是隨著同心圓的漸層濃度不同，「中華」的程度便有高低之別。

「中華」和「外夷」之間也不是全然沒有交流。相反地，正是因為「外夷」

圖表1-5　從中華到外夷——華夷思想的模型圖

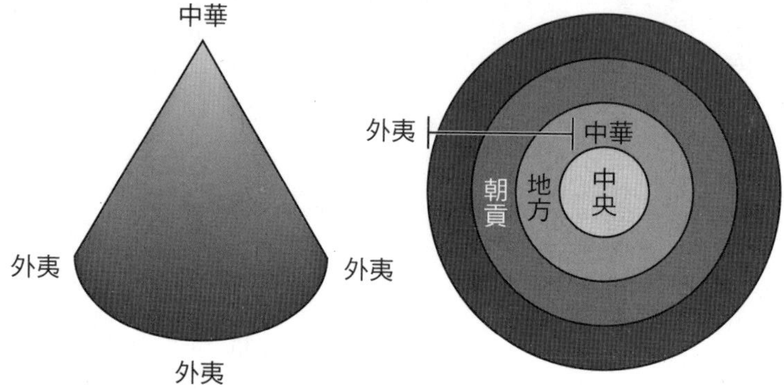

的存在，才加強了「中華」的意識。據推測，早期被稱為「華」的範圍應該只限於部分的黃河流域。不過，中國在與周邊的「夷」，特別是遊牧民族反覆接觸後，除了逐漸使對方邁向同化，也吸收了對方的文化。經過這波交流，「中華」的範圍也慢慢擴大，又幾經淘汰，最終成為被稱為秦漢帝國的統一國家。

秦漢帝國的定位

在思考歷史時，一個重要的關鍵，就是知道如果只有「中華」這個成分，中華也不可能成立。

另外，和中華的成形過程一起發展的，還有被劃分為「夷」的遊牧民族。在同一個時代，一邊從「中華」得到眾多刺激，一邊以「匈奴」之名團結壯大。

順帶一提，秦朝和漢朝是最早統一中國，並將中國視為整體來治理的王朝政權。日後，這兩個名稱也常常作為指稱中國的代名詞。例如「秦（Qin）」是橫書文字「China」的語源；至於「漢」，則是我們熟悉的「漢字」這個名詞的由來。

秦始皇死後不久，秦朝就面臨國家崩壞的命運。漢朝緊接在後，接續而生。約莫在西元前兩百年左右，漢朝完成統一天下的霸業。漢朝政權大致上繼承了秦朝的國土規模，都城也承襲秦朝，一樣設立在長安。

如同之前提過的，長安大約在絲路的東端。圖表1-6是西元三年，西漢末年的地圖，時間點約在漢朝建立之後的兩百多年。從地圖中，我們可以得知漢朝是以黃河流域為中心經營的王朝。

漢朝持續的四百多年當中，前兩百年，西漢將首都設在長安；後兩百年，遷都洛陽之後，則改稱東漢。在中國，這樣的稱呼較為普遍。不過在日本的

圖表1-6　漢朝版圖（西元3年左右）

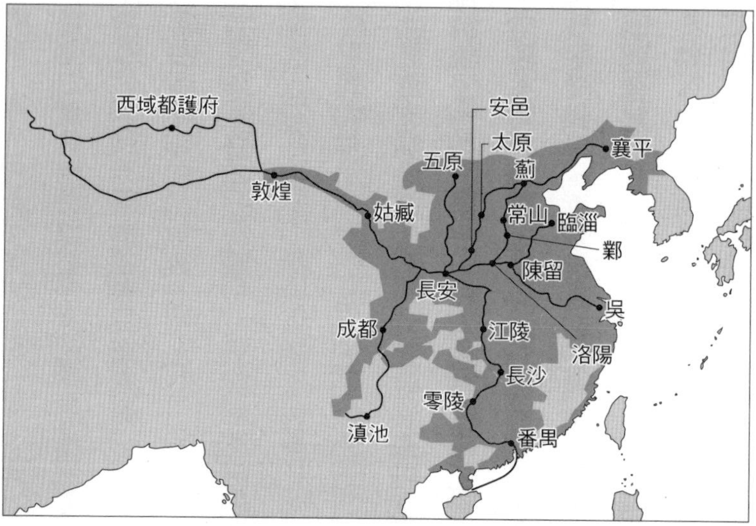

中國史學界，則習慣稱之為前漢和後漢。一般來說，中國的王朝名稱，不少都會加上都城的方位，例如「北宋」和「南宋」就是典型的案例。最初的都城在西邊的長安，所以稱為西漢；洛陽在東邊，所以稱為東漢。

西漢最重要的目標，就是除去來自西方的匈奴威脅。秦朝以前，遊牧民族日益壯大，建立了遼闊的遊牧國家，不只支配了以絲路為中心的中亞（亦即所謂的「西域」），也持續對中國這一側施加壓力。雖說匈奴沒有文字，因此關於他們的意圖，並無留下相關紀錄。但照常理判斷，只要箝制住位在絲路延長線上的中國，就有更多機會能進一步取得農耕民族的物資。

相反地，中國雖然也曾擊敗過匈奴，但打下西漢基礎的漢高祖劉邦，卻輸給了匈奴，因此雙方簽下和平條約。條約規定漢朝每年要向匈奴朝貢，可說是相當屈辱。在前面的篇幅出現的中行說，就是在漢朝與匈奴的不平等關係下登場的人物。所以西漢政權最大的心願，就是打破這種屈居人下的弱勢地位。

和平條約的存在，至少暫時免除軍事上的威脅。西漢利用這宛如薄冰般的和平局勢，傾盡全力重建國家。他們的目標大致上可以分為以下三項：一、發展經濟、蓄積財富，二、充實武力，三、尋求擴大勢力範圍。對於緊鄰北方和西方，實力強大的匈奴來說，這幾項也是他們努力的方向。

東西和平的時代——絲路之恩

備齊以上所有條件，西漢在第七代皇帝漢武帝的時候迎來全盛時期。漢武帝憑藉己身實力，決心攻打匈奴，耗費眾多犧牲，終於贏得戰爭。因為這場勝利，一直到東漢滅亡的西元二世紀左右，漢朝始終君臨天下，擔任東亞盟主。

漢朝的經濟活動，主要仰賴絲路。從古代近東地區大量流入陶器、玻璃製品、金屬器等奢侈品。當時的中國出產大量的金銀，據傳被帶出本土的數量也很可觀。然而，從某個時期開始，流通的數量卻逐漸匱乏，不久就完全終止。似乎是金銀礦的資源已經被挖掘殆盡，可見流出的數量有多龐大。

於是，中國輸出的產品，由絲帛取代了金銀。這是因為中國發明了養蠶技術，放眼世界，絲綢也成為中國獨一無二的特產。往後的時代，絲帛逐漸轉為可以大量生產的工業製品。不過在當時，依舊是生產時相當費時費力的物品。對文明程度遠遠落後古代近東地區的中國而言，絲帛就是貴重的奢侈品，可以用來交換金銀或貴金屬。

於是，當時的中國被古代近東文明稱為「賽里加」（Serica，即「絲綢之國」之意）。到了近現代，連結歐亞大陸東西兩端的主要幹線，西方人也仍然以「絲路」稱之。

因為這個稱呼，日本人下意識地認為，在當時的世界，中國就是貿易的中心樞紐，但這是錯誤的觀念。在那個時期的貿易通路當中，中國只是最東端的一處據點，而且產出的物品也以絲帛為主。

漢朝的發展過程，時間點上正好與羅馬帝國的崛起一致。基督紀年開始時，一度中斷的漢朝，由東漢政權重新振興，到了第四代漢和帝時迎來全盛時期。與此同時，羅馬帝國活躍的皇帝則是圖拉真。

漢和帝這位君王，本人並無留下什麼特殊事蹟，不過以「和」作為諡號，就是具有歌頌時代和平的特別意義。

另一方面，圖拉真在位時期，羅馬帝國的版圖不僅擴展到最大，他也建立了「羅馬治世」（拉丁語原文為Pax Romana，又稱羅馬和平）的強盛時期，是「羅馬帝國五賢帝」當中最有才能的皇帝。

不管如何，東西雙方都一起迎來和平的時代，這絕非偶然。這體現了東西兩側的「古代文明」，藉由貿易彼此影響，接受對方的文化並相互發展，最終各自達到一定程度的高峰。

第二章

氣候寒化的衝擊

——民族大遷徙與混亂的三百年

由氣候變遷開始的「民族大遷徙」

根據前一章所述，歐亞大陸的歷史進程，是由兩個不同的世界——乾燥地區與濕潤地區帶來的強大力量作為驅動力推進。而交界地帶位在兩者之間，其動向變化更是關鍵基礎。古代近東地區、印度、東亞，這幾個區域的交界處各自緩慢地進行交流與來往，催生出不同的文明。歷經一番迂迴曲折，在西元二世紀末時，終於連成一氣，共同迎來和平的時代。

然而好景不常，從西元三世紀開始，歷史舞台的場景設定出現巨大變化。因為氣候變遷的緣故，地球進入氣候寒化的時代。

圖表2-1顯示了北半球氣溫的差異值。根據此圖，我們能看出進入三世紀之後，氣候寒化的情況相當明顯，數值一路探底，要到西元九至十世紀之間，整體氣溫才漸漸變得溫暖。

也就是說，到西元三世紀末期之前，地球的氣溫相較溫暖。歐亞大陸的歷史，便在上述的初期設定條件下，如同第一章所講述的一般緩緩推展。但是

圖表2-1　北半球的氣溫變化

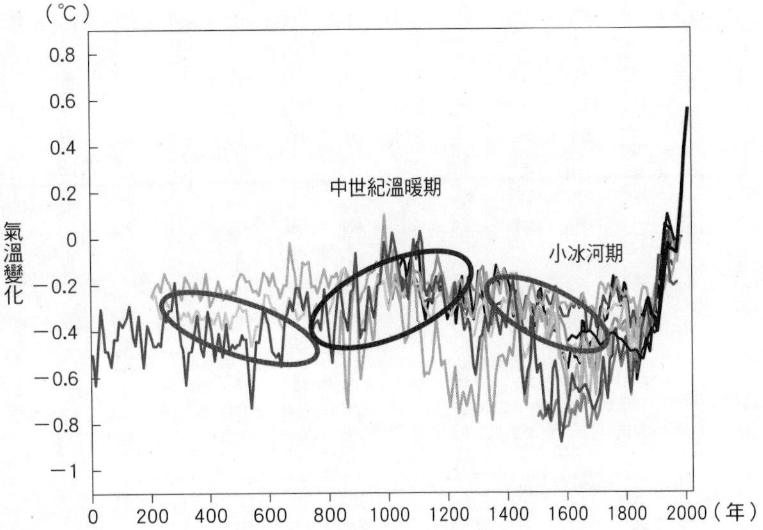

出處：據 Global Warming Art Project 的圖片參考製成。

隨著寒化的腳步逼近，也意味著設定條件必須跟著轉變。生態環境本身，以及依據環境所建立的種種生活方式，也被迫跟著改變。總之，一直以來的求生方法，已經無法繼續沿用。

關於氣候寒化的具體情形如下：首先，人類會感受到天氣變冷，這是當然的，而植物的生長也會漸趨惡化。原本植被豐富的地方就算稍微變差，影響可能還有限。但若是原先相較貧瘠的區域，一旦天候情況不如預期，仰賴這些植物為生的動物就會立刻陷入生存的危機。

換言之，氣候轉寒造成的影響，對原先寒冷的地域而言，自然比溫暖的地方來得更甚。也就是說，北部的遊牧區域所受到的破壞，比南部的農耕區域更加嚴重。假使草原寸草不生，那麼實際上的草原面積，一定也會跟著縮小。

故遊牧民族為了求生，不得不開始往南方移動，尋求草原資源。這次的遷徙發生在西元四至五世紀的歐洲，致使各地陷入巨大的混亂，這也是出現「民族大遷徙」的主要契機。

寒化現象涵蓋整個北半球的歐亞大陸，即使有時間差，遊牧民族的南下仍是各地共通的行動模式。舉例來說，以裏海北部的大草原為據點的遊牧民族匈人，就大規模往西方和南方遷徙。

但匈人所到之處，已有在當地進行狩獵和採集生活的日耳曼人。日耳曼人遭受匈人襲擊，引爆連鎖反應，逼得他們騎虎難下，也加入遷徙和移居的行列，並跨越了羅馬帝國邊境的多瑙河和萊茵河。而且在遷徙的過程中，他們集體成為難民。

日耳曼人原先和羅馬和平相處，也會加入羅馬軍團。然而淪為難民的他們，因為眼前的困境而自組軍團，不久就形成獨立政權，在歐洲各地和北非建國。縱使每個國度都短命而終，但在這場亂局中，也導致西羅馬帝國走到了滅亡的地步。這段發展，讀者諸君可以參考圖表2-2。

進入人口減少及強制勞動的時代

以上的發展，西洋史交代得非常清楚。那麼同一個時間，東亞的情勢又是如何呢？以下便作概略的說明。

乾燥地區的遊牧民族——匈奴，過去曾建立一個巨大的帝國，與漢朝分庭抗禮，但不久後也分崩離析。一部分的匈奴人移往中國的中心區域「中原」定居，這可能也是受到寒化因素的影響。不只匈奴人，其他藏族人也為了生存而採取相同的行動。

圖表2-2　西元4世紀的「民族大遷徙」

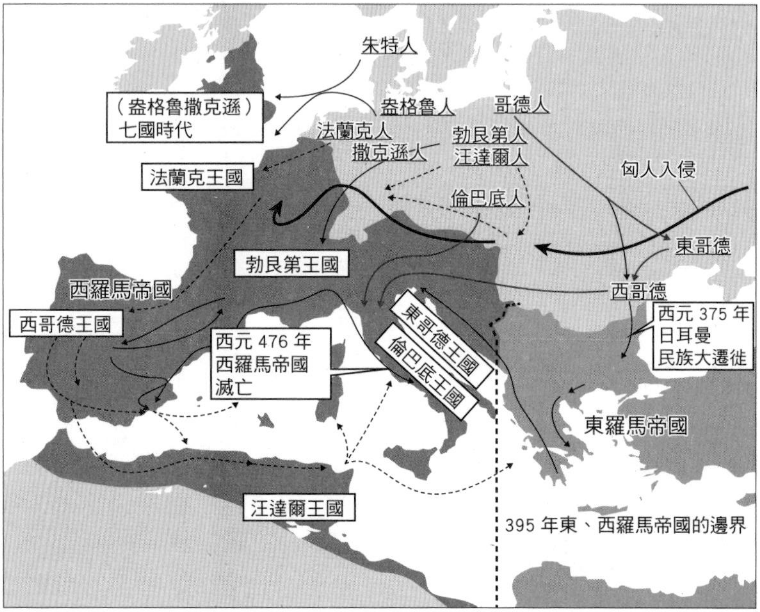

上一章已經說過，中國國內在當時已經是都市國家的居住型態。居民住在城牆的內側，而在城牆外側廣大的耕作地帶勞動。不過，不同的都市之間相隔遙遠。土地面積遼闊，當然不可能全部都是耕地。包括匈奴在內的遊牧民族，便趁隙在這些空地搭起帳篷，開始生活。

這種情形，被稱為

「華夷雜居」或「胡漢雜處」。從漢朝的承平時代開始，這類記載就散見於文獻。也就是說，不同種族和集團漸漸融入中國內部。筆者認為，這跟不少日耳曼人開始在羅馬帝國內部生活是相同的情形。

當時便有一方論點，指稱放任胡族不管，將會招致大禍，但政府並沒有據此提出因應的對策。結果，他們的遷徙獲得默許，但最終導致一統的王朝政權走向滅亡。這也和羅馬帝國的例子如出一轍。

東方和西方的歷史平行發展，絕非偶然。雙方透過絲路相連，而且同時遭受氣候寒化的衝擊，直接面臨生存的危機，其發展可說是極其相似。

不只遊牧民族受到寒化所帶來的負面影響，農耕民族也難逃其魔爪。農作物的產量逐漸減少，無法養活眾多人口。於是，在原先人口呈現飽和狀態的局面下，勢必有人得遭到淘汰。當時的戰爭雖也造成人口減少，但因為氣候和經濟因素而減少的數量，實則遠遠多過戰爭。

順帶一提，參照當時政府所做的統計數據，人口竟然銳減了十分之九。無論如何，這個數字實在太過驚人，或許連政府都無法把握當時的實際情形吧。

其實在漢朝，人口的統計已能精確到個位數。讓我們一窺當時的數據吧，人口數是「五千九百五十九萬四千九百七十八人」，數字雖精細，但這套體制最終也無力維持。

無論如何，面對危機，社會如何重建，以及政治體制應當做出什麼相應的改變，兩者都是重大課題。值此危機之際，沒想到東西雙方竟然提出了相同的對策。存活下來的人類紛紛集結在有限的範圍內進行二度開發，阻止生產能量持續下滑。

為此，必須盡可能提升人類的勞動力，無法再讓人過著隨心所欲的生活。為了求生，不惜一切勞動的人口也愈來愈多。換言之，不僅強制勞役成為常態，有時甚至出現以武力脅迫人民勞動的情形。這一點，東西雙方皆然。

當然，東方和西方的文化相差甚遠，具體的實行制度也各有不同。歷史孕育出屬於各自文化的獨特性格。但以大局來看，著眼的目標還是幾乎一致。綜觀人類史，雙方面對相同的課題，也提出相同的應變方法。

「邨」的出現

東西雙方，群眾依地勢而居，漸漸成為團體，最後又演化成都市。而在中國，沿著絲路所在的中原及華北一帶，則誕生了數個被稱為「萬國」的都市。筆者在前一個章節已經反覆提過，這裡是黃河文明的起源地，更是未來中國史發展的出發點。

然而，都市的聚落型態，在寒化時期來臨後，也出現巨大的變化，「邨」便在此時登場。

第一章時筆者曾經說明，中國早期的都市，人民在城牆的範圍裡頭起居生活，屬於「邑制國家」的型態，也是中華文明的驕傲。因為當時的聚落型態只有被城牆包圍的「邑」，此字的意思也代表聚落本身。

只是，氣候寒化的襲擊，使得這類都市成為武裝難民的攻擊目標，治安也持續惡化。這是因為都市內原本就有市場，也是財富的集中地，自然容易被盯上。如果城牆能發揮戍衛的作用便好，若被攻破，只能束手就擒，居民甚至可能陷入無處可逃的險境。

為了避免上述危機發生，在城牆外生活似乎比較理想。於是從這個時期開始，小型聚落開始零星出現在四周沒有遮蔽的地點。這類聚落型態，則以新的造字「邨」形容，這個字也是日文中「村」的原型。

「邨」字左邊的「屯」，指的是屯居，亦即眾人群居之意。舉例來說，例如屯駐這個詞，就有三五成群，暫時安定而居的意思。而右邊的「邑」，本來就是聚落的意思，這兩邊組合而成的新造字，象徵臨時且小規模的聚落誕生。

既然這個字是後來新造的，換言之，我們可以推測過去的中國並不存在此字所代表的「邨＝村」。

或許之前曾有相近的聚落型態，不過並不屬於中華文明，而是野蠻種族的營生之法，所以以前也不被承認。但隨著環境變化，這種想法也逐漸消弭。

故「邨＝村」指的是新開墾的土地。因為是新開發的地區，也發揮收容流民或移民的功能。當時治安漸形惡化，本來就是一個戰亂頻生、難民流落的年代，居無定所的人不在少數。即便以「邨」稱之，實際上形式類似於莊園。

「三國志」的主角之一，作為反派角色的曹操，就是把此種聚落型態視為政府事業，大力推行的重要人物。東漢滅亡後，魏朝建國，著名的政治家曹操也是打下立國基礎的英雄。他創立了重要的制度「屯田制」。我們現在從字面上就能聯想到這是讓大批軍人從事耕作的制度，而這方法並非曹操首創，而是早在不同地方行之有年。只是曹操以政府的高度發號施令，大規模的模仿並推行。

那個時候，通常是走投無路的人們四處流浪飄零，最後才不得不選擇從軍。換句話說，大部分的軍人原先都是一般市民，只是無法填飽肚子才不得不以此職業謀生。以上情形，也催生了強制勞動的出現。此項舉措讓地域能再次獲得開發，平民也能藉由這個結構繼續生活。這個型態也一直持續到唐朝的均田制。

平行發展的東西方和中國史的轉換期

另一方面，羅馬帝國末期開始，農業也成為西洋歷史的重要推手。在此之前，被稱為「大農場主制度」（Latifundium）的奴隸制就已經存在。原先，奴隸的來源是戰爭中的俘虜，但隨著和平時代降臨，奴隸數量逐漸減少。與此同時，一般市民之間的貧富差距也逐漸擴大。擁有土地的貴族或是權力者，為了填補奴隸的勞動力，開始接受無以為生的農民，以佃農（Colonus）的身分雇用他們，而此農業型態則被稱為「佃農制」（Colonatus）。這些人擁有羅馬市民權，也被允許財產私有。然而他們和過去的奴隸相同，被綁在土地上，無法任意移動。到中世紀為止，歐洲一般所實施的農奴制，就是由此轉化而來。

兩相探討之下，東西方的農耕世界，在同一個時期經歷了十分相似的社會與經濟情勢轉變。我們在思考時，也必須理解東方和西方彼此遙遙牽引。

接著讓我們把視線移回中國，在這裡，不只是聚落型態出現變化，政治體制、社會結構也遭逢徹底的轉型。

原先邑制國家（都市）除了是政治中心，也是經濟和社會中心，更兼具軍事能力。作為機能集中的一元國家，可說是萬事皆備。

不過，自從城外各處開始出現郵的型態，代表生產和經濟活動都改在城外進行。城外雖然是二度開發的中心，但生產量低下，光是自給自足就相當艱難，商業活動便大為衰退。這個時期開始，市場上的金銀流通量也漸趨減少。金銀的流通是否完全消失，目前還沒有定論。只是參考當時文獻，關於金銀或貨幣的敘述的確幾乎消失。不難推測，比起使用金銀作為交易媒介，從事生產製造，再加以消費，才是百姓的生活重點。畢竟經濟不景氣，社會上才會盛行重新開發利用的風氣。

至於城牆內側的都市，只剩政府和軍隊留守。從這個時期開始，政治和經濟各自分離，在不同的地點經營運作。

在這時期出現的另一個危機，是軍事能力優越的遊牧民族屢屢入侵，數度統治農耕民族。社會經濟的轉變，雖然導致了區域勢力的分立，推動了區域重新開發的進程。然而，隨著難民移入，不同種族之間的對立氣氛高漲，加強軍備、進行武裝也是勢在必然。換句話說，軍事和政治勢力的聯盟層出不窮。在接下來的時代裡，各個強權將致力於摸索如何調整、應對錯綜複雜的利害關係。

從小國林立的時代走向北朝建立

如此一來，新的社會型態就此誕生。規模較小的政治聯盟陸續建立，並集結所有力量發展經濟，這使得區域間的分裂更趨鮮明。西元四到五世紀間的時代被稱為「五胡十六國」。從圖表2-3中，可見許多小國各自為政。

所謂「五胡」，指的是同樣住在中原，卻不屬於漢人的五個胡族。他們分別是匈奴、羯、氐、羌、鮮卑。這個時代之前或之後，多使用「夷」這個字來指稱與漢人不同的種族，然而這個時代最常用的字眼則是「胡」。由胡族建立的國家大略計算約有十六國，故史稱「五胡十六國」。

不過，西元五世紀到六世紀之間，又從五胡十六國進入南北朝時代。最一開始，北魏統一了華北與中原地區，他們建立的朝代稱為北朝。

根據圖表2-3所示，北魏的領土也包含萬里長城以外的北方土地，他們立都「平城」，也就是現今的大同。北魏原先是由五胡中的鮮卑族所建立的國家，力壓其他胡族之後，往南前進，一統中原。

圖表2-3　五胡十六國時代（西元4世紀末）的中原

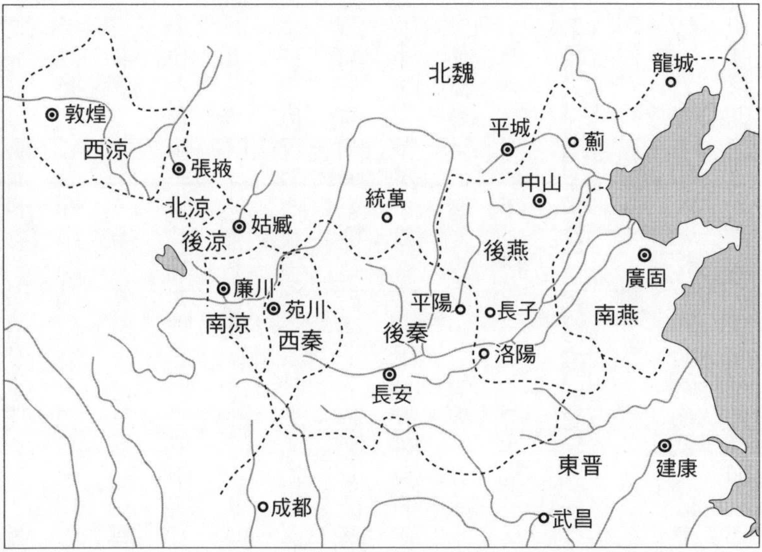

相較北魏，匈奴等其他原先就定居在南方的胡族，因為與中原接觸的時間較長，文明的程度比較高，所謂的「夷狄」程度自然就降低，軍事能力也跟著衰退。相比之下，由鮮卑建立的北魏，騎兵的軍備源源不絕，展現出壓倒性的實力。到了最後，五胡中存活到最後的也是鮮卑族。

話說從頭，鮮卑建立的北魏之所以會往南擴展勢力，起因也是受到柔然和突厥的壓迫，這兩個部族居住在更北方之地，擁有堅強的實力。這種情況一再發生，並同時引起一連串連鎖反應。總之，鮮卑建立的北魏王朝重新梳理五胡，並統一中原。從此之後，統治華北、中原一帶的王朝便統稱為北朝。

不過，因為無法因應地域集團分裂和地方上繼續開發的社會風潮，北魏的政治軍事勢力以及經濟上的統一，都沒能維持太久，隨後也分裂成東魏和西魏兩個國家（請參照圖表2-4）。一百五十年前，中原尚在「五胡十六國」時代時，占據黃河上游的國家稱為後秦，下游則有後燕。到了北魏時，雖曾經歷統一，但又以相同的界線分裂為二。藉由這個例子，正好可以看出這個時代地域集團分裂的實際情況。

從江南的開發走向南朝建立

另一方面，和北朝相互對峙的南朝，成立的經過則較為複雜一些。首先，東晉位處長江流域的江南，其前身是晉朝。晉朝政權的起源，來自曹操建立的

圖表2-4　西元6世紀前半的北朝和南朝

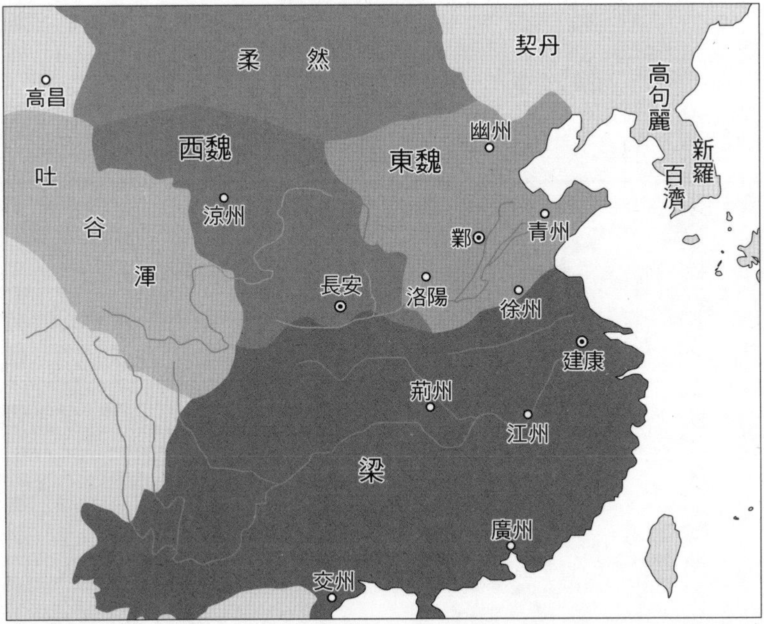

魏朝。

眾所皆知，晉朝統一了「三國志」中的魏、蜀、吳三國。但好景不常，不久就因為內亂和胡族襲擊而解體。之後，王室和周邊地區的有力人士決定棄中原而去，一路逃往南方，建立東晉。「三國志」時期原先屬於吳國的舊領地被東晉繼承，他們以此為根據地，再建新王朝。

順帶一提，這個地區的政權，包括之後的南朝，是最初和日本有所交流的中國王朝。在日文中，「吳」這個字又可以唸做「くれ」（kure）。因為從日本的角度來看，吳國處在太陽西沉的位置。[2]另外，日文中的「吳服」，原本的意思是來自中國的服飾。

東晉政權維繫了約一百年之後，被宋朝取而代之。隨後又經歷了齊、梁、陳等朝代。這四個王朝總稱為南朝。

這四個朝代都順應當地居民，致力於長江流域的開發，其發展中心點主要有兩處。

一是「建康」，亦即現在的南京，從吳國時代起就是一處主要據點。長江下游有一支名為天目山系的小型山脈，建康即位於山麓，整體地形是地勢較高的沖積扇。

另一個地點則是長江中游的「江陵」，同樣也屬於高地地形。以日本的概念來說，這裡不像東京或大阪，是位在灣岸或河口的沖積平原上的城市，反而比較近似位在山谷或盆地的京都或奈良。

江南的開發，就是從這附近開始的。由此可知，想要在河口三角洲這類低濕地耕種或是居住，以當時的技術而言還是不可能的任務。

於是，建康和江陵兩地各自競相再次開發。這些地區本就是濕潤地帶，水資源豐富，加上從北方帶來的技術、強制勞動的體系也逐漸完善，配合開發持續推行，就發展成為肥沃豐饒的土地。

除此之外，文明和文化也隨之蓬勃發展，並在西元六世紀前半的梁朝達到頂點。尤其在南北朝首屈一指的明君梁武帝的治理下，佛教廣為流傳。唐朝詩人杜牧在《江南春》一詩中也曾讚美「南朝四百八十寺」，就是描寫這時期的景象。不過，梁朝末期局勢混亂，最終把首都建康拱手讓給了陳朝，並淪落為以江陵為據點的地方政權。

2 譯註：日文中形容日落的動詞「暮れる」（kure-ru）的發音與上述「くれ」相同。

小型勢力分立而治的南北朝

總而言之，概觀來看，南北朝時代大致上以南、北作為分界，兩處各有不同的地域聯盟。其中，北方又可以分為東、西兩股勢力，南方則以長江的下游和中游為界。但如果試圖細究，則以上的地區內，還存有為數繁多的聯盟。「南北朝時代」已經成為固定稱呼，不過當時的實際情況和「五胡十六國」相同，小型勢力如雨後春筍各自出現。這些聯盟分別以自己的步調再次進行開發，以求度過氣候寒化的時代。

觀看上述流變，雖然西元三世紀到六世紀之間，一波未平一波又起，史實複雜難解。但事實上，造就歷史的基礎背景並沒有太大的變化。雖然在朝代的區分上，是從四分五裂的五胡十六國走向南北朝時代，勢力也大概合併為兩個大國，但國家內部依舊存在小型勢力，並各自分裂成細碎的地域聯盟，這點是兩個時代共同的特徵。

一般對古代中國史的理解，大致如下：自從漢朝一分為三，進入「三國志」

的時代後，又因為胡族的入侵導致分崩離析的狀態，到了南北朝，勢力範圍漸漸整合，再由隋朝完成統一的霸業。

不過，實際情況究竟為何？屬於漢朝統治的地區，大致上是以中原為主的周邊地區，詳情可參考圖表1-6。之後，曹操建立的魏朝統一了大部分的區域，初步階段也是繼承了大部分漢朝的領土。不過，胡族所帶來的北方領土，或是進行新開發的南方土地，都還不算在統治範圍內。

也就是說，筆者認為應該把南方和北方視為分治的個體。從三國的例子就能知道，好不容易整合為一，卻又立刻陷入群龍無首的窘境，這是因為本來就欠缺統一的方向性吧。

換個角度來想，這個時候的中國，地域聯盟各自據地為王，並發展出不同的特色，走向多元化的世界。回歸主因，也是因為彼此間的利害關係整合不易，各地戰鬥頻生的緣故。

「士族」的出現和共同體的形成

南北朝時代是一個多元化的社會，不過分歧之中卻出現了幾個共通點，可以說是那個時代最大的特徵。

舉例來說，在聚落型態和生產型態的基本架構之下，以地域作為單位推行強制勞動。為了使這項政策能順利推展，「共同體」就扮演了相當重要的角色。因為共同體支持生活、經濟和社會等各個層面，在共同體中的代表人物，也自然獲得了權力。

這些人因為自身才華與美德受到認可，獲得出類拔萃的菁英身分。在學術界，他們又被稱為「士族」。在朝廷或宮殿的周邊場所居住生活，和王朝政府有極深的關聯。

以日本為例，其地位近於藤原氏。[3] 儘管中國的士族世家交替更為頻繁，還是有些士族長年位居要津，甚至偶爾還能凌駕皇帝，享有極高的權威。

作為士族，最基本、也最重要的一點，就是他們在自己家鄉的行為舉止。

舉例來說，最低限度的作為，便是藉由從事慈善活動，彰顯自己站在道德的高位，以博得地方共同體的尊敬。再加上世世代代繼承在中央政府立下的功績，才有資格被稱為門閥。

換言之，士族和庶民之間出現巨大的身分落差。但這一套階級秩序，卻也獲得共同體的支持而得以持續下去。隨著制度順利推行，共同體和在此秩序下出現的士族階級，也掌握極大的權勢。雖然北方和南方的士族在等級和性質上差異不小，但兩地都同時存在此一現象。

北方的士族當中也有胡人。漢人行之有年的政治型態以及社會構造對他們來說，是值得憧憬的文化，也相當致力於模仿。北魏孝文帝和他所推行的改革不僅是著名的例子，也登上了日本世界史的教科書。

從另一個角度來看，南北雙方的共同點，也包括藉由這種基本的共同體，

3 譯註：日本姓氏之一。中臣鎌足因功賜姓為「藤原」，此後藤原一脈多在朝為官，並與天皇家聯姻，以外戚身分權傾一時。與源氏、平氏和橘氏合稱「源平藤橘」，皆為貴族名門。

進一步催生一種勞動型態，名為「均田制」。政府活用一般的共同體機能，強制人民從事勞動和服兵役的同時，也將收益再次投進軍需等不同產業。這套制度雖是由北魏所設計，但是如前面所述，是繼承曹操的屯田制而來。而這套制度，日後也會以「律令制」的名義傳入日本，也就是「口分田」和「班田收授法」。

筆者認為，南朝的胡族人口雖少，但是在軍隊擁有政治上的實力、受到士族的支持、強制使人民從事勞動的這些政治型態和社會制度方面，按理來說，應和北方相同。

實現複合、多元的社會

既然南北之間的共通點愈來愈多，兩者的對話和交涉自然也會變得比較容易。繼續分裂下去，對立爭鬥連綿不休，也只會增加治國成本。如何維持政體安定，才是未來的合理展望。為此，下一階段的目標，便是試圖整合分散的政治勢力和地域聯盟，完成統一。

最容易達成目標的手段，當屬提升軍事能力，而箇中好手就是從北魏分出的西魏，也就是日後的北周。

歷史上，北周政權並不知名，但其崛起卻大大的影響了中國史之後的發展。首先，就讓筆者先從其根據地說起。

在西元初年前後，陝西省的長安周邊是中國境內最豐饒的地方，司馬遷的《史記》亦有相關的記載。因為長安位在山谷間的高地，而且擁有豐富的水資源。

根據筆者的想法，時代愈早，想要實施有效率的農業，就必須往乾燥區域引水。儘管濕氣重的地方不適合生活，但確保產能才是首要考量。這是全人類都擁有的相同需求，而長安附近正是實現能這項目標的地方。

實際上，古代文明蓬勃發展的地方，大多是可以從事農耕的乾燥地區。就算是日本，最早定都時也是挑選奈良和京都這類高地。不但產能高，也足以養活眾多人口。

然而，水資源的珍貴到了今日依舊是被反覆討論的話題。若是濫用，將不可避免走向枯竭的命運。當時也遇到相同的難題，原本水源豐富的地區漸漸乾涸，而長安也毫無例外。

到了「三國志」的時代，長安周邊的經濟和政治地位已經大不如前。所以即便在歷史故事中，這附近已經不再是重要的舞台。諸葛亮從蜀國所在的四川省跨越重山，意圖攻下長安。但筆者認為，假使蜀軍真的能占領該地，也獲得不了太多的好處。

無論如何，在中原地區，水源豐沛的大河周邊平原，一舉取代長安的地位，發展出優勢的經濟基礎，人口也隨之增加。和西魏相同，同樣從北魏分裂而出的東魏，以及日後的北齊，都統治著這塊土地。

所以，東側的北齊自然具有壓倒性實力，而北齊建國君主高歡也是當時歷史上的主角。有資格繼承北魏（北朝）的正統政權，非北齊莫屬。

統一政權的要角登場，南北朝時代劃下句點

話說回來，這時候還有一群人，與先前提到的高歡採取不同的行動。他們固守在山中，和同夥之間保持一定程度的獨立，這便是西魏登場的舞台。因為領土多位於山區，雖然適合採取鎖國戰術，土地卻也極為貧瘠。西魏一開始，只是一個實力貧弱的國家。

不過，西魏（日後的北周）卻也漸漸累積實力。細細想來，可歸納出幾個重要的原因。首先，整頓制度，採取嶄新的方法擴張版圖。由於土地過去未曾經歷過開發，所以發展的空間還很大，時間點又正好碰上均田制也大致完備。另外，貧窮使人民容易團結一心，應該也是潛在的因素之一。胡族和漢人相互交流，國家內部的種族對立也相形減少。

不消多久時間，北周的實力就幾乎與北齊並駕齊驅，成為足以互相較勁的對手。兩者間的關係請參考圖表2-5。從圖表2-4到圖表2-5，國名和勢力範圍皆歷經巨大變化，然而兩幅圖之間相距不過短短二十年。由此可知，這是一個政治

圖表2-5　西元6世紀後半的北朝和南朝

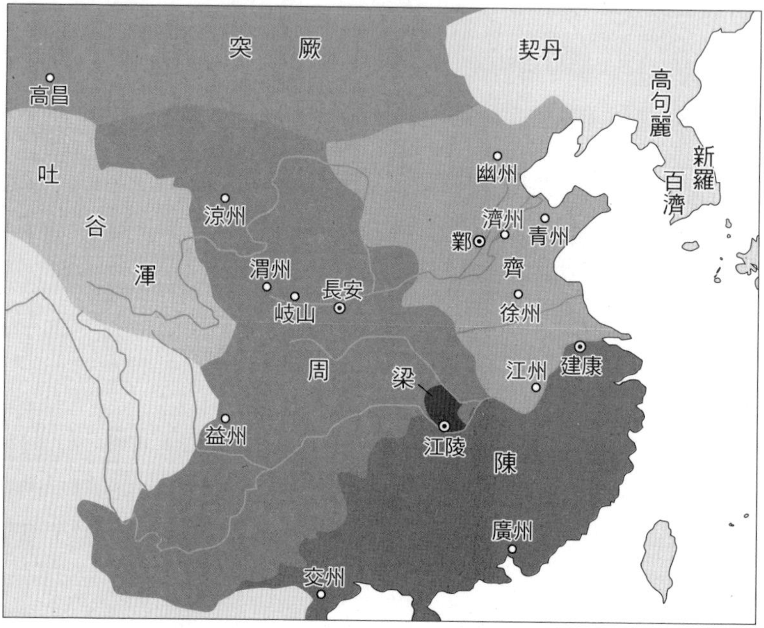

情勢激烈變化的時代。最終，北周併吞了北齊。

挾此威勢，南北相較之下，北朝占據壓倒性優勢，北周政權卻因故中斷。身為皇室外戚的楊堅竄位，此人便是日後打下隋朝基礎的隋文帝。之後，隋朝滅掉南朝的陳國，統一中國全境。南北朝時代至此，終於邁入尾聲。

不過，就算政治上達成統一，也不會改變社會走向多元化的事實。要如何整合分歧的社會，將是之後的政權所要面對的問題。與其謀求統一或同化，不如把著眼點放在區域之間如何各自分擔任務，共同合作發展。

在摸索如何適應氣候寒化的過程中，中國社會發展出兩套聚落型態，一是城牆都市、二是村落。另外，生活類型、工作型態、社交關係、身分結構也重新調整。就結果而言，政治層面出現了地域聯盟之間的對立和衝突，幾經瓦解和重組，但同時也孕育了複合並多元化的社會。在這場世界性的寒化危機中，以上就是中國給出的答案。

屬於北朝的北周政權造就了日後的隋朝，接著唐朝也將在歷史舞台上登場。這樣一個複合而多元化的中國社會，政權的統一究竟代表何種意義？在世界史上，又該將她安插在哪個位置？以上問題，便留待下一章來探討。

第三章

隋唐的興亡

——「一個中國」的模範

從南北分立走向南北分業的時代

說到隋朝和唐朝，就不得不提在日本史占有一席之地的「遣隋使」和「遣唐使」。日本在形成國家的過程中，隋朝和唐朝的影響力也是不可或缺的因素之一。

上一章提到過，隋朝以前的中國呈現多元面貌，政治勢力分崩離析，和朝鮮半島和日本等周圍地區保持的關係非常有限。不過隋朝統一政權之後，也進入一個嶄新的階段，開始給外界帶來深刻的影響。

但是，要讓之前四分五裂的中國重新整合為一體並非易事。不同的地域已發展出各自的特性，究竟要如何整合？這項任務，也自然落到隋朝和唐朝的肩膀上。

位在西北邊境的北周政權消滅東邊的北齊，合併了東西兩塊土地，隋朝的歷史也由此開始。因為隋朝不久便取代北周，又將南朝的陳併入勢力範圍內，完成了統一大業。也就是說，站在中國傳統史觀的角度來看，隋朝算在北朝之列。

隋朝歷經父子兩代，短短三十年左右就劃下句點。楊堅建國登基，是為隋文帝，也是第一位皇帝；他的兒子隋煬帝作為繼承者，實際上也是隋朝最後一位皇帝。

話雖如此，隋煬帝在位時期，卻也成就了一番豐功偉業。他連結黃河流域和長江，甚至開通了從黃河流域接往北京的大運河。圖表3-1中的航道「通濟渠」，當時目標就是把南方豐富的物資運往北方的首都。

大運河開通之後，南北之間貨運流通變得非常便利。原本江南地區在南朝的經營下，經濟和文化發展都十分蓬勃。這項優點，與政治和軍事力見長的胡族統治相互配合，雙方的任務分配也變得更加明確。大運河的存在，就是這項南北合作的見證。

回顧過去，中國在秦朝和漢朝時，政治、經濟、文化等層面都集中在中原發展，屬於一元結構。與此相比，隋朝以後的重要特徵，就是南方的開發愈上層樓，經濟上的成就開花結果。

圖表3-1　大運河

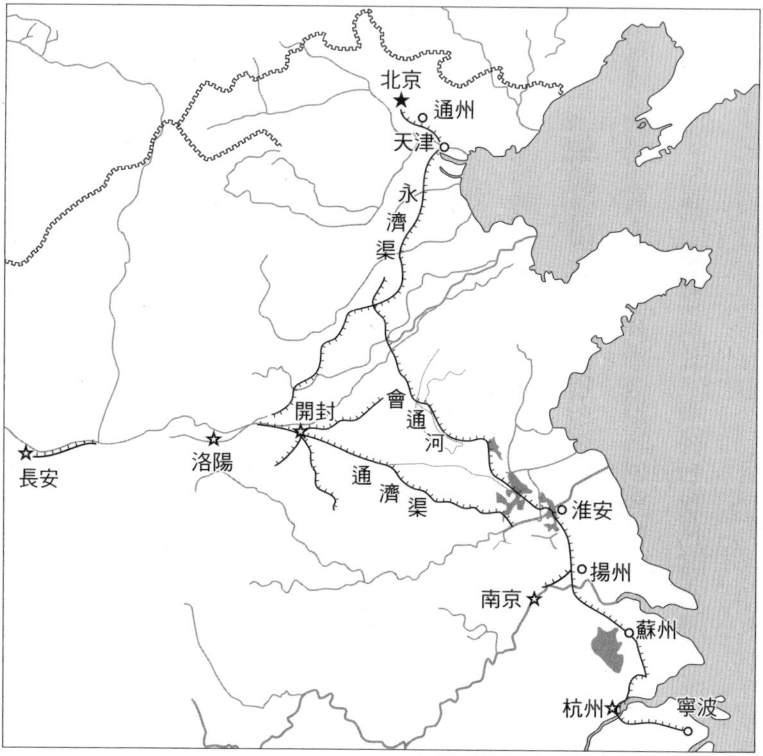

中原屬於乾燥氣候，正好位在遊牧和農耕區域的交界地帶上，同時擁有兩種截然不同的特色。濕潤多雨的南方是農耕區域，和中原的環境相差甚遠。隋朝的建立，使得南北的特色得以完全發揮。把這段時期放在中國通史下來看，這是一個從「南北分立」走向「南北分業」的時代。

建設經濟都市「揚州」的理由

揚州，位於大運河與長江交會處的北側，因為大運河的興建而繁華的代表性都市。對日本人而言或許知名度不高，但在中國史上是非常重要的都市。

揚州歷來雖非政治中心，由於深得隋煬帝喜愛，時常遊幸該地，使得揚州廣為人知，也樹立其南方中心都市的地位。由於作為君王的居所而準許比照京城的規格，故揚州又被稱為「江都」。

長江流域的物資藉由大運河運輸，而揚州除了肩負運輸起點的任務外，隨後附近還出現了製鹽工業，使它同時成為鹽業的集散地。對人類生存、社會、甚至是政權來說，鹽都是相當重要的物資，但中國位於大陸上，故鹽產並不豐富。和領土四周都被海岸線包圍的日本大不相同，中國的海岸線非常短，產地範圍有限。而揚州因為靠近鹽的產地，在唐朝時成為經濟都市，繁榮程度更甚首都長安。

另一方面，打從秦朝和漢朝起，長安就一直是首都。上一章曾經說明過，長安是高地地形，農產量相當高。不過耕地的重心日後逐漸移往低地，長安周邊的產能也就相對下降，但仍然維持其首都的地位。正因長安不是經濟重鎮，所以更能專注在發展政治和軍事領域。特別是嚴格執行廢佛政策的北周政權，更是其中的典型案例。

然而，長安四面有山，難以遍視全境，於是隋文帝決定再建立一座都城——洛陽。於是隋唐以後，西都長安、東都洛陽的地位確立下來，兩座都城形成慣例。

擁有兩座首都的隋朝

隋朝在長安之外另立一座首都，除了治理廣大的中國以外，恐怕還有另外兩點原因。

第一，隋文帝的兒子煬帝厭惡山林環境。從隋煬帝除掉自己的兄長，以便登上皇帝的寶座這點來看，他性格狡猾，愛慕虛榮，隨後又成為一名偽善、好大喜功且奢侈浪費的暴君。總之，他並不是一個能讓人發自內心稱讚的人物。而正是因為這種性格，對他來說，比起荒山僻壤，繁華的城市住起來一定舒服多了。他會如此鍾情富庶的南方都市揚州，也就不足為奇。

第二，隋朝在長安埋下恨意的種子，這項原因背後的歷史意義可能更為重要。眾所皆知，隋朝的誕生是起自於奪取北周王朝的政權。隋文帝的女兒原本是北周的皇后，他卻以外戚的身分，趁著皇帝駕崩時繼承王位，同時對北周皇族趕盡殺絕。若以日本的情形相比擬，就像是藤原氏即位成為天皇，並殺盡天皇家主要的男系親屬。

不消多言，此舉定然使原本效忠北周政權的臣屬心懷不滿。這批人為數眾多，且大多留在長安，即使是隋文帝本人想在這裡推行政令，想必也難如登天。既然如此，不如和長安保持距離，轉移陣地來依靠被征服的東土之士，統領天下，這不正是一個合理的做法嗎。筆者推測，隋煬帝之所以喜愛江南和揚州，根本的原因可能在此。

基本上，王朝或政權更迭，除了繼承前朝遺緒，也不乏否定前代才能建立新朝代的部分。統一南北朝，完成霸業的隋朝也不例外。這種結構上的矛盾最終無能消解，而隋煬帝最後的命運，便是逃亡揚州時，慘死在背叛的侍衛手上。

參考歷代評價，隋煬帝確實是史上少有的暴君。不過，綜觀中國史，比他更加殘暴的皇帝大有人在。正如宮崎市定教授所言，不會有歷史學家替亡國之君辯護，這也讓這些暴君更容易落人口實。

兼容遊牧圈和佛教圈，一舉擴張領土的唐朝

隋末局勢動盪，唐朝收拾亂局，登上歷史的舞台。唐朝成立之初，以隋朝的失敗作為借鏡。舉例來說，隋朝遠離都城長安，但唐朝不逃不避，反而把長安當作根據地。其他舉措，包括不過度依賴南方的經濟實力，並且以武力為後盾，進而統治整個中國。提出這幾項治國方針的便是驍勇善戰的李世民，唐朝第二任皇帝唐太宗。

一般來說，朝代更迭之時總是兵荒馬亂，平定天下的是當時身為將軍的李世民。所以相形之下，第一任皇帝李淵才能平庸，存在感薄弱，略過不提也無妨。而李世民最後發起政變，殺害被立為太子的兄長，逼父親李淵退位，自己登基即位。

唐太宗李世民是中國屈指可數的明君。不只英勇過人，也留心內政。在位期間締造赫赫有名的善政，因其時年號為貞觀，史稱「貞觀之治」。記錄當時事蹟的《貞觀政要》，不僅在中國，甚至在日本，都是世代相傳的帝王學教科

書。平心而論，此類評定和實際的史實之間常有若干落差，在這個例子中可能也有類似的情況吧。

總之，不久之後，唐朝就壯大聲勢，並藉機將勢力範圍擴展到了東邊的朝鮮半島和日本。

當時的朝鮮半島處於三國時代，高句麗、百濟、新羅等三雄並立。後來，第三任皇帝唐高宗與新羅聯手，殲滅百濟與高句麗，並由新羅單獨統一了朝鮮半島。

這項結果，對當時處於飛鳥時代，並支持百濟的日本而言，完全沒有隔岸觀火的餘裕，還得擔心唐朝的勢力版圖持續擴張。面對兵臨城下的危機，日本被迫立刻整頓國力，培養相抗衡的實力。以現在的角度來看，唐朝時所形成的國際對立情勢，可以說是現今東亞世界的原型。

唐朝國祚約莫持續了三百年，在唐詩的世界中，時代被劃分為「初唐」、「盛唐」、「中唐」和「晚唐」四個時期。目前所談到的部分是初唐時期，律令制充分發揮作用。日本也師法唐朝，引進「口分田」和「班田收授法」等，成為歷史上著名盛事。唐朝雄厚的軍事基礎，也是源自於這些制度。

於是，唐朝建立了廣闊的勢力版圖，其範圍可參考圖表3-2。唐朝原有的領土就已經相當遼闊，但是淡灰色線所包含的區塊，是版圖最大的時期，甚至達到固有領土的一倍以上。圖中，幅員最遼闊的領土位在北部，這塊區域原先由屬於一支被稱為「突厥」的突厥系遊牧民族所統治。「突厥」是「Türk」的音譯，今天的土耳其人，原先便是定居在此。

第一章提過，綠洲都市群主要位在突厥南方的中亞地區，這裡人群聚集，市場遍立，形成遊牧民族保護商人，相互合作的型態。唐朝的版圖便是包括以上這些區域。

圖表3-2還提供了其他訊息。沿著綠洲都市群往印度方向南下的黑線，是高僧玄奘求取佛法的路線，他因為《西遊記》一書而廣為人知。換句話說，這條路線所展示出來的範圍便是當時的佛教圈。圖表3-2將唐朝版圖、遊牧圈和佛教圈同時描繪出來。這些區域彼此重疊，是當時的一大特色。

說到求取佛法，除了玄奘以外，還有一名從南方出發的人物。此人名為義

圖表3-2　突厥和唐朝，以及唐朝的統一

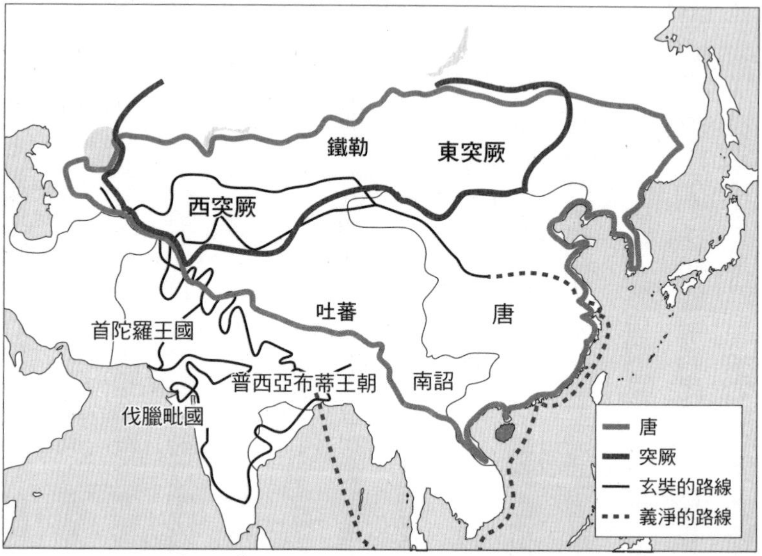

淨，採取沿著海岸的路線。他的路線同樣也可參考圖表3-2。藉由圖表和上述內容，我們足以推測從中原到江南，甚至遠達西域絲路的綠洲地帶，全都屬於佛教圈的範圍。

這也是唐朝的其中一項特色，藉由共同信仰佛教的宗教價值觀，不僅融合遊牧民族和農耕民族，也完成南北的整合。從政治和軍事上主導這項發展的人物，就是唐太宗李世民。

多元國家唐朝與多采多姿的宗教

在這個小節，筆者將特別著眼在唐朝與北方突厥之間的勢力關係。南北朝時期，突厥以遊牧國家之姿異軍突起，那個時候，北朝還分裂為北周和北齊。而突厥的軍事能力早就遠遠勝過這兩個國家。實際上，突厥是將兩國視為屬國般的存在。

不過，到了西元七世紀，進入唐朝以後，從南方改寫勢力間的權力平衡。情勢一時逆轉，突厥反倒臣服於中原的王朝。

與此同時，突厥和南方的居民都展開積極的交流。突厥人非常清楚，只靠遊牧無法維持生計，所以他們掌握絲路的流通，和當地的經商者進行不同的合作關係。根據近幾年的調查研究，逐步推展對其運作結構的研究。其中商業貿易的推手是粟特商人。

讓我們把視角轉到西方。裏海東側是鹹海，而從帕米爾高原發源的兩條大河：阿姆河與錫爾河，同時注入鹹海附近的區域，孕育了許多綠洲，是中亞發展的中心地帶。

過去，古波斯帝國積極擴張領土，許多波斯人因而定居此處，並與當地居民混居。這些人就是所謂的粟特人，這個區域也因而被稱為「粟特」（Sogdiana）。

經商的伊朗人和波斯人一直居住在這個區域。從地理位置上來看，這裡正是中亞核心的綠洲地帶，東西南北各地來的貨物也陸續在此集結。這些商人們掌握來來往往的貨物，以今天的角度來說，他們就彷彿是大財閥或是跨國企業。

另外，粟特商人大概使用波斯文，接受屬於遊牧民族的突厥人保護，而他們則協助突厥人改善經濟生活。以上所述的區域，全都包括在唐朝的範圍內。不難看出在唐朝盛世，粟特人在軍事和經濟上都扮演著極重要的角色。

這個地區流通的宗教，則是佛教。與此同時，西方則有伊斯蘭教崛起，勢力廣傳至伊朗。然而在伊朗，絕大多數人仍信奉伊斯蘭教以外的宗教。其中包括波斯人原先崇拜的祆教（拜火教），也有從西方傳來的聶斯脫留派（東方教會）的基督教（景教）。除此之外，還有這兩者相互融合而成的摩尼教。粟特人一路跋山涉水，逃到中亞之後，雖然抵達了粟特地區，但當地還流行從印度傳來的佛教。如此錯綜複雜的宗教人群，都和唐朝結下了深刻的不解之緣。

總之，思想界和宗教界的多元風貌，是唐朝的一大特色。這也跟唐朝張開雙臂接納了屬於遊牧世界的突厥人，以及受他們保護的粟特人有關吧。

前段提過，隋朝統一了南北對立的中國，並建立了南北分工合作的世界。參照圖表3-2，唐朝基本上繼承了隋朝的固有領土。不過，兩個朝代對比之下，唐朝幅員擴張之廣，多元文化之豐，則皆在隋朝之上。

而分工合作的體制下所包含的並不僅限於政治、經濟和文化領域，同時還有突厥遊牧民族負責的軍事，以及粟特商人負責的商業。唐朝之所以能建立繁榮盛世，便是對多元性採取兼容並蓄的態度，完美整合所有長處與優勢。

唐朝繁榮的幕後功臣——粟特人

東洋史學的創始者之一，石田幹之助教授曾經在其著名的作品《長安之春》（長安の春）中，鮮明地勾勒了唐朝的繁華景況。雖然本書已經絕版，但石田教授透過平易近人又優美的文筆，將當時長安的景致描寫得栩栩如生。在講談社所發行的學術文庫版本中，負責撰寫解說的井上靖也曾提及，自己創作小說《天平之甍》（天平の甍）時，也曾參考這本著作。

這裡便從《長安之春》中擷取一個段落。

站在京城東面的城牆中門「春明門」附近，舉頭環顧（略），只見鬈髮高鼻，紫髯綠眼的胡人熙來攘往，別無稀奇之處。在春明門的周邊遇見來自西域的胡人，在唐朝盛世已是家常便飯之事。市聲鼎沸，東市近在咫尺，西市儘管略輸一籌，寄居異鄉的外來客在這裡仍是為數可觀。在鼎鼎大名的拓跋之都胡姆丹城（長安城的胡名），皆呼大唐天子為天可汗。為了商販之利而聚集此處的西胡之眾，聲勢浩蕩。

圖表3-3就是當時的長安城。「春明門」是長安東側的大門，據說從日本出發的遣唐使就是由此通過。不只是遣唐使，最澄和空海等留學僧，當時應該也是從這道門進入長安吧。另外「鬈髮高鼻，紫髯綠眼」一文，維妙維肖地勾勒出伊朗人的模樣。而「西域的胡人」或「西胡」等詞，指的當然是粟特人。這些人數量眾多，聚集在春明門周圍來回閒晃。

這是有理由的。長安的性質近似於東京的丸之內，[4]各個區域都有圍牆相隔。基本上，住宅區和官廳劃分得十分明確。不過，春明門的附近有一座名為「興慶宮」的宮殿，斜對角也有被稱為「東市」的市場。既然有市場，商人必隨之聚集。因此周邊自然也就住了不少粟特商人與其隨從。

4 譯註：丸之內位於現今東京都千代田區。以東京車站為中心，發展為日本首屈一指的商業重鎮。銀行或企業商社的總公司多坐落於此，也是日本金融和經濟的中心之一。

圖表3-3　長安城復原圖

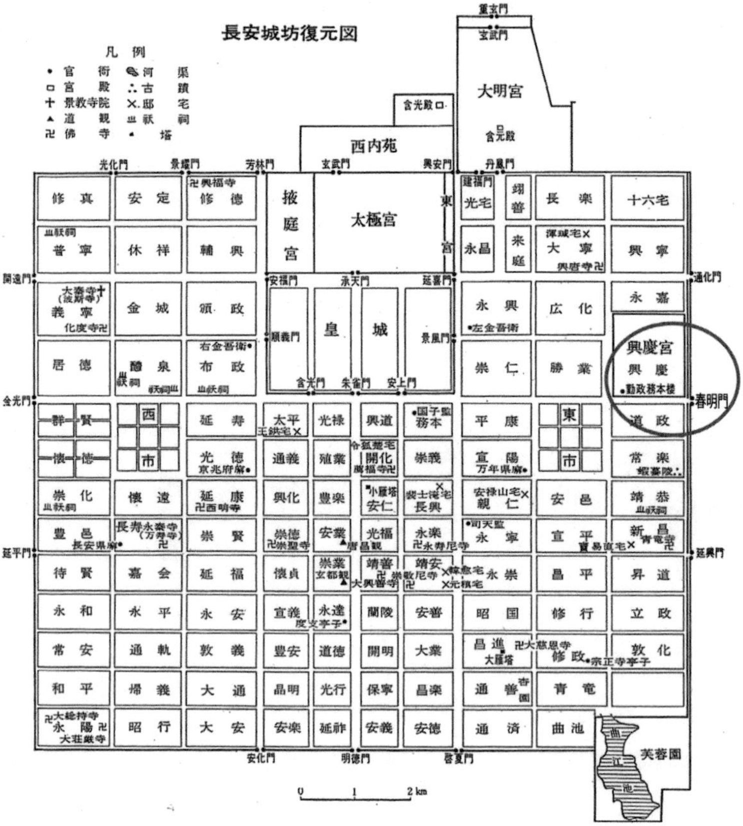
長安城坊復元図
凡例
官衙
宮殿
景教寺院
道観
佛寺
河渠
古蹟
邸宅
祆祠
塔
重玄門
玄武門
大明宮
含元殿
含光殿
西内苑
光化門
景耀門
芳林門
玄武門
興安門
丹鳳門
掖庭宮
太極宮
東宮
安福門
承天門
延喜門
順義門
皇城
景風門
含光門
朱雀門
安上門
開遠門
金光門
延平門
通化門
春明門
延興門
安化門
明德門
啓夏門
西市
東市
興慶宮
興慶
勤政務本楼
曲江池
芙蓉園
修真
安定
修德
普寧
休祥
輔興
義寧
金城
頒政
居德
醴泉
布政
群賢
延壽
太平
光祿
興道
務本
懷德
光德
通義
殖業
開化
崇義
崇化
懷遠
延康
興化
豐樂
安仁
長興
豐邑
長壽
崇賢
崇德
安業
光福
永樂
待賢
嘉會
延福
懷貞
崇業
靖善
靖安
永和
永平
永安
宣義
永達
蘭陵
安善
常安
通軌
敦義
豐安
道德
開明
大業
和平
歸義
大通
昌明
光行
保寧
昌樂
永陽
昭行
大安
安樂
延祚
安義
安德
光宅
翊善
長樂
十六宅
永昌
来庭
大寧
興寧
永興
広化
永嘉
崇仁
勝業
平康
道政
宣陽
常樂
親仁
安邑
靖恭
永寧
宣平
新昌
永崇
昌平
昇道
昭国
修行
立政
晋昌
修政
敦化
通善
青龍
通濟
曲池
0　1　2 km

另外，長安西側也有「西市」。相較於長安，粟特地區更靠近中亞的西部，從西方而來的粟特人，照理來說應該待在西市居多。然而由粟特商人也大量聚集在東市這點來看，可見他們幾乎把持了長安整體的經濟命脈。

或許此現象並不僅限於長安，而是唐朝經濟的概況吧。所以石田教授才會指出「西市儘管略輸一籌，寄居異鄉的外來客在這裡仍是為數可觀」。

另外，「鼎鼎大名的拓跋之都胡姆丹城」這句話，也展現了石田教授高明的語言技巧。「拓跋」（Tamyač）指的是唐朝，「胡姆丹」（Khumdan）則是波斯文中的長安。

追本溯源，唐朝皇室的血脈為建立北朝的鮮卑拓跋氏這支部族。他們是遊牧騎馬民族，原先不說中文。而且，「拓跋」一詞也是音譯而來。所以許多粟特人才將承襲拓跋氏系譜的唐朝政權稱呼為「拓跋」。

接著，關於「皆呼大唐天子為天可汗」這句話的解讀，因為唐朝承繼了過去突厥所控制的疆域，遊牧民族、或從事遊牧活動的民眾便將唐朝的天子尊稱為「天可汗」。

從《長安之春》這一段文字，我們得以一窺當時非常國際化的長安。這樣的特色並不只存在於長安這個都市，筆者認為它象徵了唐朝建立的歷史發展脈絡、地理版圖的推移，以及整個政權的性格。

繁華的國際都市──長安

說到唐朝，總給人一個強烈的印象，那就是由中國人所建立，完全屬於中國的光輝盛世。不過，當時長安實際的樣貌，卻是一個國際化程度相當高的都市。根據石田教授的論點，這個時代尤以伊朗文化特別突出。

最典型的例子，可從「窮波斯」一詞得知。「窮」意指貧窮，而「波斯」是「Persia」的音譯，這裡指的是粟特人。這個詞彙的直譯雖是「貧窮的粟特人」，但卻是比喻用法，表示「這種情況非常少見」。換句話說，粟特人幾乎個個都是大富豪。

過去，「胡」這個字指的是匈奴或鮮卑等遊牧民族。但從這個時期開始，則固定用來指稱粟特商人。當時的通俗小說當中，也時常出現「胡人」大量採購中國貴重物品的情節。

除此之外，他們也帶來各式各樣的宗教，在唐玄宗主持朝政的「盛唐」時代，長安建立了大量的寺院。在唐詩的世界，也有杜甫和李白引領風騷。這時代真不愧是唐朝的全盛時期。

順帶一提，在同一個時間點，西方世界也因應氣候寒化，歷經秩序體系的細分化，之後則由伊斯蘭教重新整合分裂的局勢。東西雙方不約而同出現相同的趨勢，展現了平行發展的動向。

只不過類似的整合過程，也存在著許多錯誤的嘗試，不可能完全取得成功。唐朝採行的基本做法，是吸納多元文化和特性，從不同地方獲取利益，以求全體皆能發揮出最大實力。只是這種做法，關鍵在於一個統籌的組織，能夠整合各個勢力的利害關係。不用說，唐朝就是負責擔當這項任務。

其實關於這方面的研究，截至目前為止仍有待進一步的發展。但是在筆者眼中看來，從隋朝一路發展到唐朝，原本屬於無解的問題一個一個減少。乍看之下，唐朝處理得相對順利。不過，實情也非全然如此。

利用佛教統合國家的企圖

在秦漢帝國時期，中原是中心地帶，社會組成也呈現一元化的狀態，故漢武帝將儒教尊為國教之舉，十分合情合理。因為儒教對漢人而言，是本土化的教義。

然而，經過後來的五胡十六國和南北朝時代，各地民族相繼湧入，統治範圍逐漸擴大，中原不再專屬於漢人。生活、習俗、甚至是人生觀截然不同的民族彼此混合，各式各樣的民間信仰和新興宗教也跟著融入既有的社會，過去不曾發生的爭鬥和社會問題也一一浮現，而這一切已經無法只靠儒教解決。

此時，從印度傳入的佛教便扮演重要的角色。諸如雲岡石窟的出現，或者如《江南春》中「南朝四百八十寺」所形容一般廣設寺廟，可見東漢時期傳入中國的佛教，已廣泛滲透到政權和民間。

隋文帝試圖借重佛教的影響力，一舉解決南北統合的難題，其做法是有跡可循的。當時，他重用的官僚並非居於長安、尚武的北周舊臣，而是北齊的士族。這些人的居住地更靠近東邊，地處黃河下游，也是相對虔誠的佛教信徒。隋文帝便依此為根據來進行統治。

佛教的宗派中，大乘佛教特別提倡救濟眾生的思想。對於渴望獲得拯救的眾多百姓，這是非常具有魅力的宗教。時值國家處於重建之際，佛教的號召力也因而提升。

實際上，根據目前留下的紀錄，隋文帝不但皈依佛教，還是非常虔誠的信徒。記錄隋朝歷史的《隋書》中的〈倭國傳〉便有如下記載：從倭國（日本）來訪的使者（可能是遣隋使），口頭稱呼隋文帝為「海西菩薩天子」。

「菩薩」一詞在日本也十分常見。菩薩是「bodhisattva」的音譯漢字，原先指的是悟道前的佛陀。北傳的大乘佛教，因為擁有濟度眾生的權威地位而廣泛流傳。

當時的佛教，無論是出家或是在家修行，只要是致力於濟度眾生者，都需要接受一定的行為規範和戒律，對自身或他者都以菩薩來看待，這就是所謂的「菩薩戒」。南朝梁武帝既然是虔誠的佛教徒，當然也接受了「菩薩戒」。隋文帝則是他的後繼者。

隋文帝本人確實接受了菩薩戒，但筆者認為「菩薩天子」此一稱呼，並不代表什麼特殊意義。甚至，我們也無從證實在中國國內，隋文帝是否真的被如此稱呼。只不過當時的佛教已經是世界性的宗教，具有一定的普遍性。因此若具有「菩薩」的資格，也比較容易與外國相互往來，是一大利多。

根據其他紀錄和佛典，隋文帝的另一個稱號是「轉輪聖王」。這是古印度阿育王的稱號，形容他是理想的君王。而在佛教世界中，又被用來稱呼世俗的領導者。隋文帝晚年在全國各地廣設舍利塔，也是仿效阿育王的事蹟。無論如何，身為中原的皇帝（天子），他卻謀求超越皇帝的君主身分，希望利用佛教將多元紛雜的國家整合為一的用心，至此已不言自明。

以「金輪王」為號的武則天

先前提過，與遊牧世界的整合，是唐朝政權承繼隋朝之後，最要緊的政治課題。第二代皇帝唐太宗（李世民）在《長安之春》一書中被稱為「天可汗」。這應該是遊牧民族對他的專屬稱呼。「可汗」在蒙古文中的發音是「Khan」，和「忽必烈汗」的「汗」是同一個意思。這個蒙古文的詞彙寫成漢字是「可汗」，和天相連結就成了「天可汗」。

石田教授曾指出，遊牧民族內部擁有許多不同部族，當中地位最高者就被稱「Tengri Khan」（天可汗），是「王中之王」般的存在。正因如此，他們才把這個稱號獻給唐太宗。

考慮到這點，讀者諸君當能明瞭石田教授為何書中寫道「皆呼大唐天子為天可汗」。也就是說唐朝的天子、中國的皇帝，對遊牧民族而言也是「Tengri Khan」。藉由這個稱呼，讓兩個不同的國度獲得整合。

不過，就算是「天可汗」，也只能君臨唐朝和遊牧民族之上。名聞天下的武則天，追求的是更廣泛的普遍性地位。

唐太宗之子高宗繼位之後，唐朝版圖擴張到最大，詳情可參考前面的圖表3-2。可是，這一切全都是唐太宗所留下的遺產，高宗本身是個凡庸的皇帝，他的妻子則是野心勃勃的武則天。如果說誰在歷史上留下了鮮明的足跡，甚至真正繼承了唐太宗的帝位，這個人不是唐高宗，非武后莫屬。

武則天是中國歷史上唯一一位女皇帝。雖非筆者自身的研究主題，但光是閱讀學生們結合興趣進行調查而寫成的報告，也能感受到她是一位相當有意思的人物。

話說唐高宗死後，原本理應由其子嗣繼承皇位，但武則天並不作此想，而是謀劃由自己登基為帝。在這個關鍵時刻，她利用的依舊是佛教。武則天下令四處蒐集以女性稱帝，拯救眾生為題的故事，並創造全新的經典。她藉由這個方法來取得登上帝位的正當性。

這個計策奏效之後，武則天順利即位，並自稱「金輪王」。正如日文中的「金輪際」一詞，帶有極限之意，金輪王象徵的便是無與倫比、至高無上的君王。

前面曾提及，隋文帝的稱號是「轉輪聖王」，但這只是一個支配人間的帝王。與此相比，「金輪王」卻是囊括宗教世界，立於天下頂點的王者。統治的範圍遠遠超越隋朝或唐朝，不再局限於世俗的小小規模，而是具有更高層次的普遍性，象徵全世界合而為一的意思。

從隋文帝開始，到唐太宗和武則天，其實他們的目標都是為了整合多元化的世界。為了達成這個目的，他們各自採取不同的政策，最後也造就不同的結果。這或許也清楚反映了他們三人相差甚遠的立場、想法和態度。

因「安史之亂」而走向解體的唐朝

換個角度來看，唐朝必須藉由佛教和眾多君主稱號收到統治上的效果，也反映了國勢實際上並不穩固。在社會多元化的局勢下，始終處在一個危險平衡之中。

儘管如此，在唐太宗和武則天的時代，國家尚稱安定。在下一代的玄宗皇帝統治下，也達成了史稱「開元之治」的盛世。唐朝雖然迎來國勢最強盛的時期，卻在西元八世紀中左右的天寶年間爆發了「安史之亂」。從此之後，唐朝的繁華便一去不復返。

唐玄宗的祖母武則天過世之後，他立刻發動政變，剷除殘黨，登基即位。他有意不依賴佛教來處理眼前的政策問題。雖然最初勵精圖治，初期收到的成效也有目共睹，只是效果卻漸漸不盡理想。

筆者認為原因可能有下列幾點。為了推翻武則天一朝的政策，唐玄宗不想仰賴佛教，而是改以中國本土的儒教為基礎進行改革。而這項做法無法因應多元性和國際化的社會情勢，就成為其中一個可能原因。

再加上唐玄宗遇見了楊貴妃，這可能是中國史上最著名的羅曼史。兩人的愛情故事因為白居易所創作的〈長恨歌〉，而更加名聞遐邇。唐玄宗的心思完全放在楊貴妃身上，從此荒廢政事，也讓楊貴妃的血親楊國忠趁機崛起。

到這裡為止，故事的發展都帶有一點文學性質，但隨後反對勢力的出現卻是千真萬確的事實。粟特人安祿山擁兵自重，興兵作亂，歷史不可避免的走向「安史之亂」。

這是胡人與漢人之間的對立。以結局而言，也代表唐朝無法妥善處理多元化的政治情勢。在筆者看來，這場事件象徵著隋朝和唐朝最後遭遇了重大挫敗也不為過。

圖表3-4，是西元八世紀中以後，爆發「安史之亂」的地圖。前面的圖表3-2顯示了唐朝疆域最大的情況，與之相比，領土明顯縮小許多。

唐朝北方的固有領土中出現了一塊「安祿山勢力範圍」。此後，這塊區域將落入突厥系軍閥（編按：即藩鎮）手中。

更外圍的區域在突厥之後，還有強勢興起的突厥系遊牧國家回紇虎視眈眈，幾乎逼得唐朝淪落到屬國的地步。另外，西方還有吐蕃（西藏）逐漸擴展勢力。唐朝雖然後來延續了百年以上的國祚，然而最終悲慘地解體，加速了多元化的腳步。

緊接著，圖表3-5顯示的是西元九一七年的地圖，此時進入名為「五代十國」

圖表3-4　安史之亂（西元755年）時的東亞

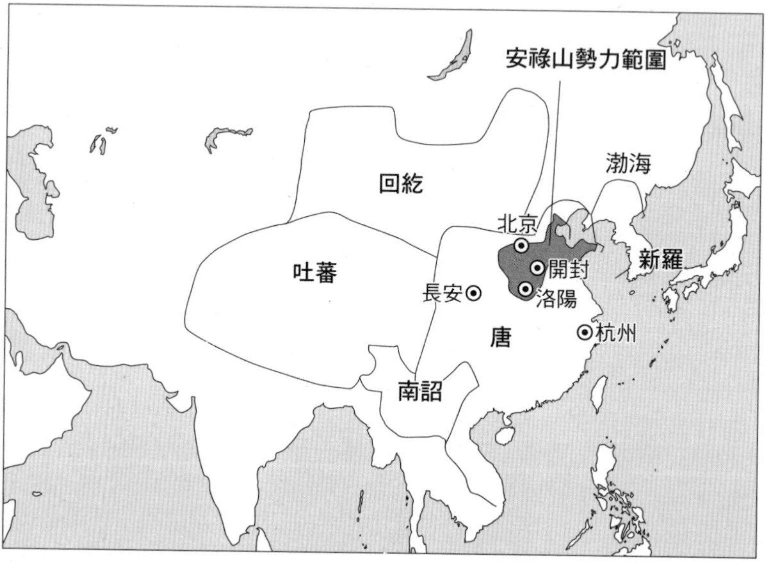

的時代。唐朝發生「安史之亂」以後，打著維持治安的名目，各地陸續出現了自立門戶的軍閥。五代十國當中，包括北方的安祿山勢力範圍在內，中原和黃河流域以終結唐朝的後梁為首，大致上有五個朝代相繼成立。雖然簡稱「五代」，但細看內部遞嬗，僅僅歷經一朝就亡國的情形時而有之，所以不需要按照字面上的意義去理解。總之，就是一個短

圖表3-5　唐朝滅亡後的情勢圖（五代十國）

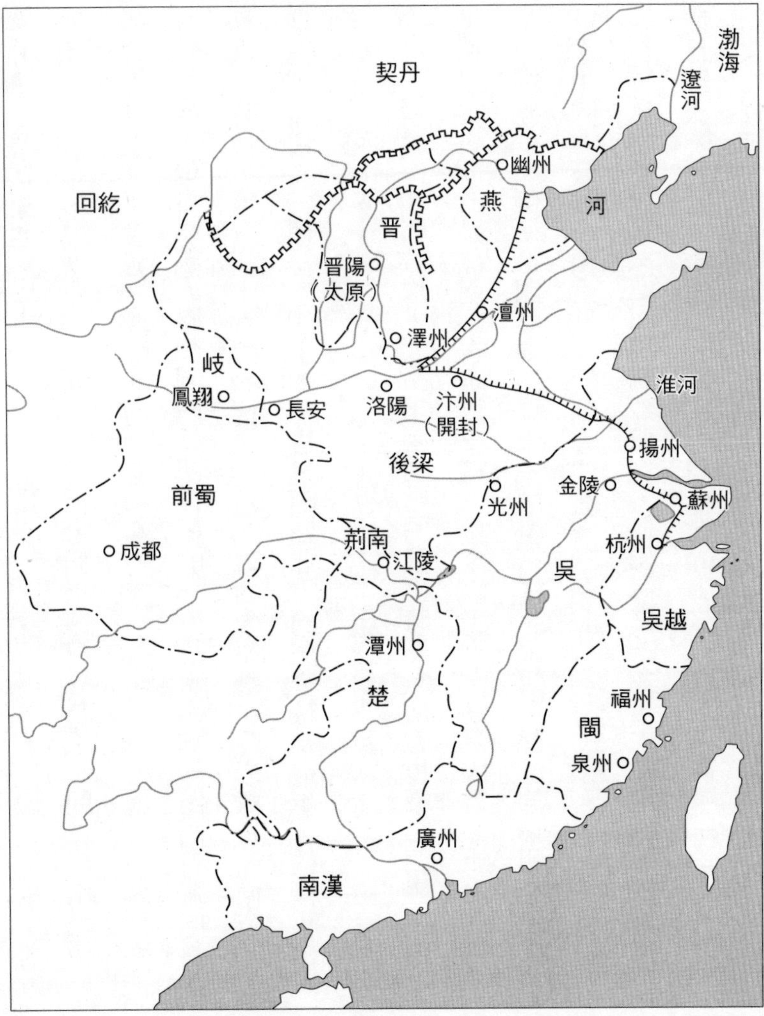

命政權相繼出現的亂世。

另一方面，在南方則有「十國」，意指十個小國自立為王。因為江南地區已獲得充分開發，即便國土狹小也可以獨立生存。

五代十國，很容易讓人聯想到西元四世紀的「五胡十六國」。兩者雖同為小國林立的時代，但五胡十六國的情形，是北方的中原勢力分崩離析，南方的江南地區則整合為一個統一的王朝。這是因為北方的開發較為進步，就算政權規模不大，也可以獨立存在。

不過，經歷南北朝時代，一路來到隋唐的承平時期，南方也獲得開發。西元十世紀以後，即便是江南，也足以支持一個小國獨立。而且因為領土之間劃分得十分細碎，反倒使得開發更為集中。順帶一提，隋煬帝熱愛的揚州，也成為十國當中國力最強、領土最大的吳國首都。

雖然情況隨著時代更迭出現劇烈變化，但如何掌控多元化的世界，依舊是無法輕易解決的課題。唐朝試著以武力和佛教的力量克服這道關卡，途中經歷不少錯誤的嘗試，但最終仍以失敗收場。

第四章

從唐朝邁向宋朝

——對外共存與經濟成長的時代

由東向西遷徙的回紇

西元八世紀至九世紀間，唐朝逐漸走向衰亡之路。而發生在中亞的一連串變動，更是替此時和不久的將來帶來了深遠的影響。

圖表4-1的地圖，為西元十世紀後半的伊斯蘭世界及其周邊區域，最東端者為「回鶻」，亦稱「西州回鶻」（高昌回鶻），其範圍約等同於現今的新疆維吾爾族自治區。在第三章介紹「安史之亂」時所附的圖表3-4中，原稱「回紇」的國家，位置較偏東方，約在今日的蒙古。安史之亂後的兩百年間，回紇人才逐漸遷徙到圖表4-1的位置。

這一帶占地遼闊的綠洲城市，原先由屬於波斯系的粟特人劃地自居。突厥系的遊牧民族回紇人遷移至此之後，放棄遊牧，開始定居，並實施在地化，融入當地的粟特人社群，徹底改變了其原有的生活型態。

據圖表4-1所示，回鶻的西側為「喀喇汗國」（The Qarakhānids），同屬突厥系遊牧民族。自古以來，粟特人及波斯系民族定居，並從事商業貿易之地

圖表4-1　西元10世紀後半的伊斯蘭文化圈及其周邊國家

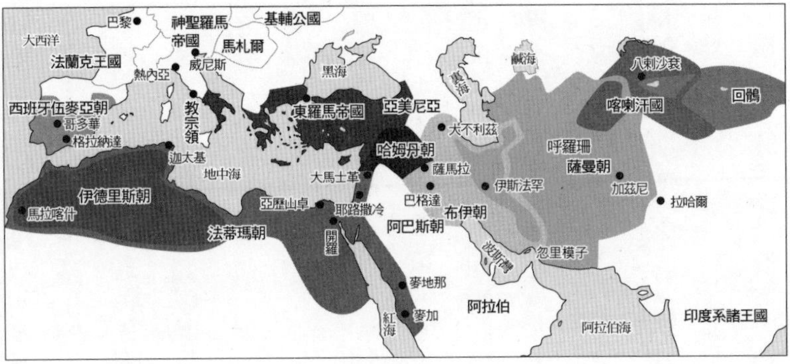

被稱為「粟特」。然而此地連同其東部一帶，卻逐漸被回紇人等突厥系民族取而代之。地名也從「粟特」改為「突厥斯坦」，亦即「突厥所居之地」。此現象又被稱為「中亞的突厥化」。

接著在喀喇汗國的西側是強盛的薩曼朝（The Sāmānids），西元九至十世紀之間，他們建立了波斯系的伊斯蘭政權。以上兩國的領地範圍，都在方才所稱的地理位置「粟特」之上，但波斯人的文明發展程度遠高於突厥人。波斯系的穆斯林尤喜突厥人的驍勇善戰，時常將他們聘為保鑣或是傭兵。

在薩曼朝的影響下，不只是突厥人，

連原先住在粟特的波斯人也漸漸改信伊斯蘭教，此即為中亞走向伊斯蘭化的開端。不久之後，從這裡誕生的許多勢力也將在各地建立起不同的獨立政權。

另一方面，回紇人定居在帕米爾高原（蔥嶺）以東之地，尚未受到伊斯蘭教的影響，而是普遍信仰摩尼教或是佛教。換句話說，舊名粟特的這塊區域，雖在宗教信仰上陷入分歧，但不管是哪一支民族，都放棄了過往逐水草而居的生活，轉向定居。

總之，西元九至十世紀這段期間，歐亞大陸再度陷入小國林立的狀態。如同方才所舉的伊斯蘭世界地圖，以及第三章介紹「五代十國」的圖表3-5，都清楚顯示了東西兩側捲入相同的時代潮流。七世紀之際，唐朝與伊斯蘭世界不約而同面臨種種巨變，象徵雙方都迎來了歷史上的重大變局。

人類活動頻繁的主因——氣候暖化

那麼，為什麼屬於突厥系遊牧民族的回紇人會由東向西遷徙，並開始定居生活呢？

背後的動機和真相，或許只能詢問回紇人才能得到正確答案。不過，究其原因，極可能是這個時期開始的氣候暖化。溫暖的天氣，使得過去逐漸縮小的草原地帶得以恢復生機，遊牧民族的活動範圍也隨之擴大。以歐亞大陸的整體觀之，西部的水草本來就比東部豐沃，各族自當爭相覬覦這項資源。

同樣地，這也解釋了為何此時小國林立的原因。氣候寒化所造成的一項結果，便是東西兩大帝國的成立：東有唐朝、西有伊斯蘭。但隨著氣候變暖，政治版圖重新洗牌，多元化的腳步也如火如荼的展開。

回紇人離開東亞之後，東部的蒙古系與通古斯系的遊牧民族和狩獵民族逐漸發展實力。西元十世紀初，進入五代十國的時代，北方崛起的勢力當中，尤以屬於蒙古系遊牧民族的契丹最具代表。契丹以今日蒙古東端的內蒙古作為據點，開始向西方和南方拓展其勢力範圍。當中，也包含為數不少的回紇人及漢人。

「契丹」一詞，是「Khitan」的音譯而來。這個名稱在北方流傳之廣、影響力之大，在現代俄文中也用來指稱中國。而英文中的「Cathay」一詞，也具有相同的意義。

另外，現代俄羅斯濱海邊疆州（Primorskaya oblast）居民的祖先，便是通古斯系的狩獵民族。這裡並非草原，而是森林。唐朝時曾建立渤海國，和日本與新羅關係匪淺。這裡的居民崛起之後，有朝一日將會擊敗契丹。

無論如何，這批從東方抬頭的新勢力，稱霸了草原地帶。他們能迅速獲取實力的原因，除了回紇人離去後的權力真空，也與位處南方的中國出現變化不無關係。

成為強權，不僅僅代表武力的提升。充足的武器儲備、豐富的物資供給，諸如此類的經濟實力也不能排除在外。在歐亞大陸的西側，靠著絲路的連結，比較有機會和地中海，或是歐洲一帶生產力高的農耕地區，建立物資調度的商業關係。與此同時，東側之所以能與西側勢力相抗衡，或許就是和世代從事農耕的中國互通往來。

以當時的經濟實力而言，與中國往來可能比連接絲路的西方更具優勢。蒙古系和通古斯系的遊牧民族及狩獵民族之所以能順勢興起，可能也與此離不開關係。

那麼，此時的中國究竟發生什麼變化？即為接下來要討論的「唐宋變革」。

「唐宋變革」：中國社會的變遷①——能源革命

「唐宋變革」是發生在唐朝與宋朝之間巨大的社會變動，也是日本學界的東洋史和中國史都會提到的社會現象。

西元九〇七年唐朝滅亡之後，宋朝在西元九六〇年建立。這其間約莫半個世紀，史稱「五代十國」。中原的王朝交替以「五代」為主，江南則是「十國」林立。在「五代」的政權更迭中，國祚最短的僅維持了四年。

政局不穩的理由之一便是中國各地獨自發展的經濟成長。而「能源革命」可能正是背後的原動力。

能源的使用，是象徵人類進步與發展的重要里程碑。換句話說，也就是能不受限制、大量且有效率的使用熱能。說到古代的燃料，大概就只有木材。可是一旦遭到砍伐，林木不存。特別在乾燥氣候的區域，文明的發展大都建立在一座又一座光禿禿的山頂上，西亞的森林資源也因此逐漸枯竭。

另一方面，東亞雖也面臨相同處境，但遊牧民族進入中原，沒有使用木材的習慣，反而留下林木，讓部分森林區域獲得了休養生息的契機。森林資源之所以能得到保護，也因為原先預計前往森林伐木、加以開拓、並設立據點的農耕民族遭到遊牧民族的攻擊。不過，整體而言，中原的森林資源仍然日漸匱乏。

值此危機之際，中國正好開始使用煤炭。將煤炭透過蒸餾法得到的焦炭，燃燒時能獲得更強的火力。如此一來，不僅順勢克服木材枯竭的局面，也能使用更多的能源。

技術的突破，首先讓製造大量的金屬製品成為可能。一旦工具和武器的生產變得容易，農業生產和作戰能力的提升也是必然的結果。

「唐宋變革」：中國社會的變遷②
——水田化與人口增加

除此之外，氣候暖化的影響，也讓當時農產品的生產量逐步增加。這個時期由於農具和工具的改良，加上土木和農業技術的進步，低窪濕地得以進一步開發成為水田。想要從事水田耕作，必須先透過排水和圍墾，將土與水分離。因此，如何控制大量的水流成為不可或缺的技術。

過去，都是在高地或是乾燥地帶引水耕作，所以農地面積十分有限。這種耕作所採行的灌溉方式，只能應用在狹小的土地上，容易導致水分不足，產量自然無法提升。然而，一旦能在低窪濕地上耕作，農地範圍就隨之擴大。

不僅如此，這個時期的人口也急遽增加。圖表4-2a表示了中國人口的推移。回顧過往，在西元三至四世紀的三國和六朝時，人口總數因為氣候寒化而跌落谷底，歷經南方開發等諸多原因，才在隋唐時期逐漸回復以往的水平。

西元十世紀的「五代十國」是一段戰火綿延的亂世，因此人口數量持平發展，雖出現些微下降的傾向，但進入宋朝後，則彷彿以不同次元般的級距向上攀升。氣候暖化、技術革新、生產力的提升，加上世道平穩，這絕對提供人口增加一個極佳的環境。

圖表4-2b和圖表4-2a相互對照，呈現人口的南北比例。從圖表中我們可以看出，西元二世紀的漢朝，人口約有百分之八十都居住在中原。但是氣候寒化的影響出現後，人們就逐漸往南方遷徙，在唐朝末年，南方的人口數量已經到達將近百分之五十。

到了宋朝，南移的傾向更加明顯。江南之所以變得能容納眾多人口，最主要的理由是長江下游的開發，以及水田化的成果。因為一個單位面積的稻作收成能養活更多的人。在這方面，長江流域的氣候和日本幾乎相同，都高溫多雨、濕度偏高，是最適合稻米生長的環境。

另外，政治上的領導體制也有所不同。隋唐時期，政治由各地豪族和士族組成的門閥階級主導。但是到了宋朝，以個人能力為品評標準的官僚制度開始確立。例如以錄用考試聞名的科舉，就是從這個時候開始推行的。

圖表4-2a　中國的人口動態

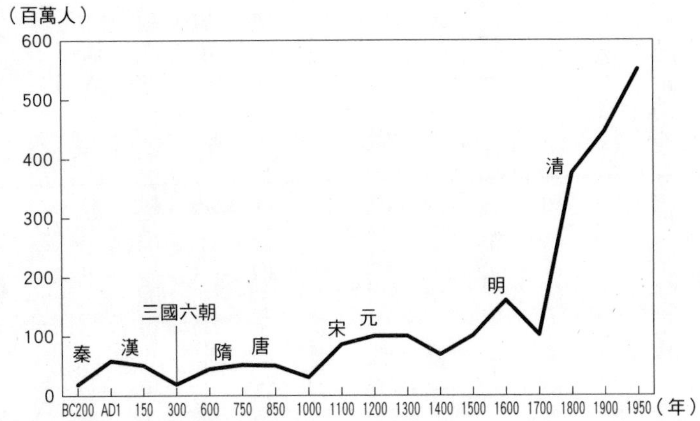

出處：岡本（2013）。

圖表4-2b　人口分布的南北比例

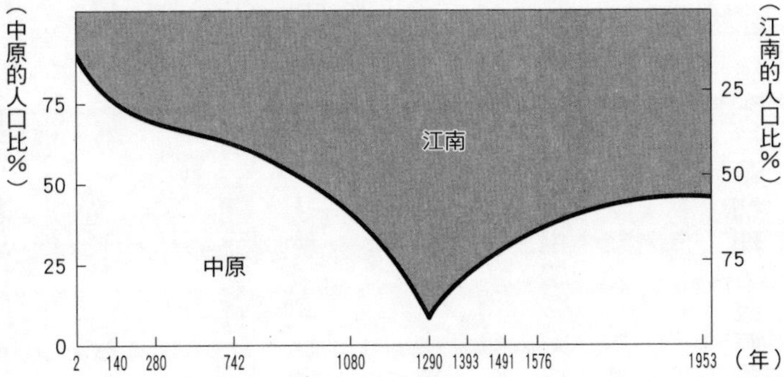

出處：據 Elvin（1973）為基礎製圖。

「唐宋變革」：中國社會的變遷③——貨幣經濟的成立

金屬產能的提升也帶來另一項成果，那就是貨幣的普及。貨幣供應量的增加，無庸置疑對於經濟發展具有莫大的助益。

貨幣在唐朝時期被發明出來，圖表4-3就是當時所使用的「開元通寶」（開通元寶）。基本款式為銅製、形狀為圓形，中間則開了一個四方型孔洞，這個形狀持續了一千年之久。主要稱之為錢、銅錢、或制錢。

「五代十國」的尾聲，五代的最後一個朝代為後周。宋朝從後周手上繼承政權後，開始廣泛鑄造並發行錢幣。形狀雖然不變，但名稱則改為「宋錢」。因為發行量實在過於龐大，在現代幾乎沒有古董價值可言，這也讓「宋錢」成為一個獨立的類別。不過，換個角度思考，當時足以發行如此驚人的數量，可見能源供應十分充足。

銅錢獲得普及也是宋朝當政者處心積慮的結果。唐宋變革初期，政府收稅的時候，人民得以用物品代替，或是透過服勞役等方式繳納賦稅，但之後便漸

圖表4-3　開元通寶

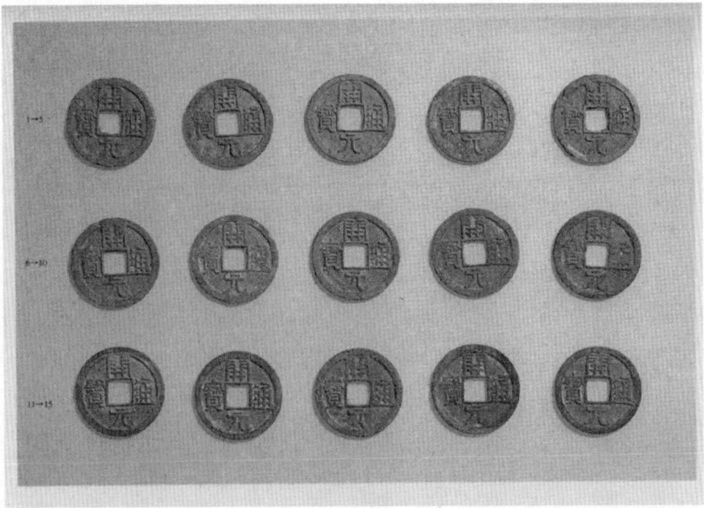

漸改為徵收實際的貨幣。

藉由賦稅制度，宋朝收集了數量驚人的貨幣，他們有幾種使用方式。舉例來說，宋朝把這筆錢花在僱用傭兵上面。將流入中國的遊牧民族吸收為士兵，支付薪水的時候，貨幣比起穀物來得實際。這應該是引入了商人的思考邏輯和方法吧。而且，對於遊牧民族而言，可以用來換取任何東西的貨幣，在使用上也更為便利。這項措施，無疑大大助長了貨幣經濟的普及。

話說回來，一枚銅錢換算成今天的日幣，只有十日圓或二十日圓左右的價值。一般使用時，會用線穿過中心的孔洞，將幾百枚銅錢串在一起。若是日常買賣或是小面額的交易還算可行，一旦交易金額變大，就變得沉重又不方便。

另外，進入宋朝以後，作為原料的銅也開始面臨資源耗竭的窘境。雖然試著使用鐵作為替代，然而鐵的價值遠低於銅，交易時需要更多鐵幣來支付，如此麻煩的交易選項，自然不被人所接受。

經過一番腦力激盪之後，便想出了發行紙幣的方法。例如一千枚銅錢可以等價兌換一張紙幣，這是人類史上最初的紙幣。

不幸的是，因為信用問題，紙幣沒有立刻取得成功，並且以失敗告終。由於紙幣輕薄便利，南宋和金朝時期便在市面上流通。然而，即使政府在政策面上加以推廣，卻無法得到永續且廣泛的使用。紙張的材料價值遠遠低於貴金屬，若將紙當作「錢」來交易，為了維持幣值，需要有相符的信用，而且流通量也必須受到管制。

不過，歷代政權通常難以維繫其信用，反而招致更多混亂。而且財政一旦陷入困難，就容易濫發紙幣，徒增亂象。必須要再等到晚一點的時代，紙幣才能獲得普及。

無論如何，這個時代的貨幣經濟已經取得飛躍般的進展。除了使用銅和鐵，還有替代性的金和銀，甚至少部分的紙幣在市面上流通。至此，貨幣經濟相關的實驗也大致上告一段落。

「唐宋變革」：中國社會的變遷④——商業化的進展

銅錢在唐朝時早已出現，但因為當時的經濟活動主要以強化勞動力和回復農業生產為主，所以幾乎沒有被廣泛使用。隨著生產力的復原和產能的增長，以及相伴而來的人口增加，貨幣才發揮出經濟潤滑油的功能，讓剩下的生產品得以互相交換。商業化取得重大進展，進一步促使經濟成長。

為了了解上述動向，必須先了解政府的財政政策。

宋朝針對鹽的買賣抽取稅金。上一章便曾提及，鹽在人類生活中是不可或缺的必需品。而且放眼中國，鹽的產地僅在揚州周邊，範圍非常有限，因此商業買賣相形方便。而且因為人口增加，交易量也跟著上升，只要管控買賣者和通路，課稅簡直易如反掌。只不過抽的稅竟然高達原價的數十倍以上，這就不得不說是惡魔的智慧了。

另外，諸如鹽的徵稅和專賣制度等事項，又稱為「鹽政」，這並非從宋朝之後才開始。早在漢朝時期，針對鹽和鐵兩樣生活必需品抽取稅金的爭議，便詳細記載在《鹽鐵論》一書中。至於鹽政的正式制度化，則到唐朝後期才完備。唐朝設立了編制外的官職「鹽鐵轉運使」來負責徵收事務。

在「五代十國」時，以揚州為首都，並占領主要鹽產地的吳國，以及後繼的南唐都徹底利用鹽政系統，造就國勢的強盛。宋朝當然也不落人後，繼承了南唐的系統。如此一來，以財政為本位積極發展，振興商業和流通貨幣的結果，民間也雨露均霑，享受到貨幣經濟和商業化的果實。

由於鹽的專賣成效頗彰，和權力締結密切的關係之後，其他的商業項目多多少少也成為課稅的對象，形成所謂的「商稅」。同時，也出現了和專賣併稱的「課利」一詞。「課利」與土地稅，今後便成為政府稅收最重要的兩個來源。

「唐宋變革」：中國社會的變遷⑤——都市化的進展

就算政府設下重重條件，商業如此蓬勃發展，民間的力量也自然擴大。最明顯的特徵便是都市化的現象。

先前提過，三國時代以後，中國的聚落就分成兩種：一是以政治軍事為主的城郭都市，一是以經濟生產為主的村落。經過唐宋變革，又出現了第三種聚落型態，也就是所謂的「鎮」或「市」。

正如字面上的意思，「市」指的是進行交易買賣的市場或市集，人群會自動往該處聚集。都城內部所設置的「市」，也曾在第三章所介紹的《長安之春》一書中登場。不過，小規模的市集也不一定只出現在城裡。

像是一開始用來交換剩餘農產品的定期市，隨著舉辦的次數愈加頻繁，變成常設性的市集，最終又進化為規模雄偉的商業都市。這種市集，既沒有城牆包圍，也不能稱作是村落或村莊。

至於「鎮」是鎮壓的鎮，是一個軍事用語。從軍需品的調度場所轉變為市場的名稱，最後幾乎有著和「市」相同的意思，也誕生出「市鎮」一詞。例如日本人也知之甚詳，以製造陶瓷器聞名的「景德鎮」，其名稱的出處大概也與上述脈絡有關吧。

另外，也有很多市鎮依附在城郭都市旁邊，或者宛如衛星都市般在周圍建立。宋朝的首都開封，就是從這類繁華的商業區起家，逐步成長為人口百萬的都市。可見商業化的進展也連帶助長了都市化的腳步。

這裡筆者稍微跳脫主題，分享一個逸聞。宋代如此蓬勃的經濟成長，也影響了當時的日本。由平清盛所主導的日宋貿易就是一個代表。

過去，日本也曾派遣遣唐使前往唐朝，將最高級的奢侈品或是國家制度等帶回日本。這些物品大多收藏在東大寺的正倉院。

但是，日宋貿易卻是以民間交流為主，並發展成非常普遍的貿易形式。日本依舊會購入奢侈品，不過主要輸入的商品則更貼近庶民生活，像是陶瓷器、茶、生絲和宋錢等物。日本則是向中國輸出香木或貴金屬等物。

在日本的教科書上，日宋貿易並不起眼，遣唐使才是重點討論的主題，可能是因為貿易本身已經是稀鬆平常的事了吧。由此可見在唐朝與宋朝兩代，中日關係的等級大不相同，這也跟經濟發展的階段差異息息相關。

經濟開發成就多元發展的時代

談論至今，且讓筆者調整時間軸的先後順序，重新從「五代十國」開始，試著談論北宋政權誕生前的政治發展。

在「五代十國」的時期，最北方的「遼」是由遊牧民族的契丹族所建立的王朝。在遼的南方，位於山西省的位置則有「晉」，是一支由名為「沙陀」的突厥系遊牧民族成立的政權。這支部族內部輪流接棒，統治中原地區，便是所謂的「五代」。

換句話說，中原在這段期間始終由屬於遊牧民族的異族統治。遊牧民族大量湧入中原，和農耕民族之間也頻頻發生衝突和鬥爭。中原全境甚至一度遭到契丹入侵，只能任人宰割。唐宋變革所帶來的經濟發展，這些遊牧國家並未置身事外，也從中獲得增強軍事能力的契機。

另一方面，南方十國當中，最值得一提的則是位於今日浙江省周邊的吳越，尤以長江三角洲地區最受矚目，日後上海便是在此誕生。這裡是沖積平原所形成的低窪濕地，原先無法推行有組織系統的農業，但在吳越時進行排水工程，將濕地完全轉換為水田，從此以後成為中國最富饒的地區。

順帶一提，吳越憑藉其和平的局勢以及豐饒的國力，也成為南方十國中苟延殘喘到最後的國家。至於在吳越北方的大國「吳」（日後的南唐），因為首都揚州掌握了鹽的流通，獲得極大的發展，是十國中國力排名第一的大國。

在能源革命中介紹過的煤炭，以及用來染色和鞣製皮革的明礬，主要都產自山西省。在這塊風水寶地也盛產香料和茶葉。因此到了宋代，除了鹽以外，明礬和茶也被劃入政府專賣的項目。至於等同於中國代名詞的瓷器，則在先前談到景德鎮時有稍微提到過。這些各式各樣的特產品，彷彿百花齊放在各地生產，塑造了一個因為經濟開發而多元發展的時代。

然而，政治上的陣營卻紛亂不堪，這或許有利於當地開發，但彼此之間的對立紛爭無法遏止，也就容易引發戰爭。為了有效解決這個問題，能夠調整並統合各個陣營，並使之共存共榮的政體遂成為理想的目標。

在這樣的狀況下試圖提出解答的正是宋朝，具體對策則是導入官僚制度和君主獨裁制。

透過「君主獨裁制」因應多元化進展

唐朝頒布了律令制度，目的是專注於發掘更多勞動力，因此一視同仁，所有人都必須接受法律的規範，只有少數不得已的場合才能獲得通融。其中一項具代表性的例外，就是「令外之官」，指的是編制外的官員，這在日本史上也十分常見。這類官職的職稱大多以「使」稱之，所以又統稱為「使職」。

然而，為了應付層出不窮的情勢變化，不知不覺間朝廷上全都被「令外之官」占據，使得政令無法有效推行。這類官職中最知名的當屬「節度使」。節度使掌握兵符，以軍閥之姿割據一方土地。由於情況逐漸失去控制，唐朝便邁向崩解而淪為戰亂之世。

順帶一提，日本也面臨過相同的處境。奈良時代以後，不合於律令的官職一律視為「令外之官」，朝內也是逐漸被關白或檢非違使這類令外之官把持，[5]導致武家勢力抬頭，進入武家政權為主流的時代。

因此，宋朝建立一套系統來推動官僚化改革，收編這些令外之官。為了因應劇烈變化的社會情勢，也將官員派任到各地，主張地方之事由地方解決。

另一方面，中央政府為了尋求共存，四處調查各地的需求，擔負起整合分配的職責。至於軍事方面，宋朝憂心如果將權力下放地方，可能會重蹈「五代十國」的覆轍，因此決定收回指揮權和決定權在內的所有權力，改由中央管轄。

換句話說，無論是君主、臣子或是人民，都不再受到法律的制約，君主根據不同情況宣布的命令本身就是法律，官僚只負責執行。統治形式的改變，可能是為了因應經濟的多元化發展。總之，這就是發生在唐宋變革時期的政治體制的變化，也就是所謂的「君主獨裁制」。

君主獨裁固然具有強制劃一、中央集權的特色，實際情況則不太相同。筆者認為，這不過是在社會多元化和多樣性的前提之下，君主採取收緊權力的手段來避免國家四分五裂。

締結「澶淵之盟」，避免游牧民族的侵略

先前提過，對中原地區而言，打從「五代十國」開始，統治北方的遊牧國家契丹就是最大的軍事威脅。對以農立國的宋朝而言，局勢也沒有改變。即便「唐宋變革」所帶來的經濟發展，讓宋朝的經濟實力獲得壓倒性的提升，但在軍事方面依舊落後一截。

5 譯註：首任「關白」為平安時代的藤原基經，與「攝政」同樣皆為輔佐天皇的最高行政職。一手掌握國政大權，與天皇家之間時有權力鬥爭。兩者合稱為「攝關政治」；檢非違使原意為「檢察違法的天皇使者」，負責維護京都治安和管轄民政。

為了與契丹對抗，其中一個解決辦法，便是將兵力分配到各地駐守。但是如同前面所述，一旦採取這種方式，又擔心政治權力的分散。因此中央政府決定將兵力集中管理，並藉此徹底實施軍隊國家化。但是，為了維持這個方針，必須抑止兵力擴張，導致宋朝長期欠缺強而有力的騎兵。相反地，契丹的騎兵卻擁擁有赫赫威名。

綜合上述狀況，以中國為中心的史觀來看，宋朝和唐朝不同，時常被評價為歷史上領土最小，最積弱不振的朝代。實際上，和契丹多次你來我往的征戰之中，還是互有勝負。

換個角度來看，這也是一個富裕而和平的時代。探問理由為何，便是宋朝為了避免遭到契丹的致命打擊，費盡心思謀求雙方共存。講白了，就是端出經濟實力這張王牌來籠絡契丹。雙方的聯盟史稱「澶淵之盟」。

從隋朝開始，由江南至黃河流域，大運河的興建也樹立完整的物流幹線。不過運河和河川之間，具有相當的高低落差，兩者匯流之前，必須先暫時卸下船隻所搭載的貨物，之後再重新搬運上船。開封這個都市，位於運河和黃河的交叉點，自然成為物資集散的據點，而且從「五代十國」到宋朝為止，一直都是首都。

過去作為唐朝首都的洛陽和長安都位在山區的盆地。既然是首都，一定會聚集眾多屬於消費階級的官僚，這是為什麼「五代」和宋朝都較為注重效率和經濟。而且從軍事層面來看，如果採行徵兵制來匯集勇猛善戰的士兵，山區可能比較有利。但若是以金錢為報酬招募士兵，經濟都市則比較便利。

在開封的北側，有一座名為澶州的都市。「澶淵」便是澶州的古地名，是一個具戰略意義的關鍵要衝。如果契丹攻破此地，又強渡黃河，則開封會立刻落入敵手。歷史上，契丹便曾攻陷澶州，並一路攻破開封，只是那時候無法進行有效的統治，選擇重新撤回北方，但也不保證未來不會再度進犯。

所以宋朝決定選擇和契丹議和。契丹南下之際，身為天子的宋真宗本人親臨澶州，體認到兵臨城下的危險之後，毅然決然遵循君主獨裁制，下了最後的決斷。這就是西元一〇〇四年所締結的「澶淵之盟」。

中華思想與多國共存

這次的議和當中所取得的成果，第一點就是維持平等的交流關係，宋朝為兄、契丹為弟。宋朝雖然處於軍事上的劣勢，還是盡可能地保全了顏面。

話說回來，皇帝即是天子，天子一詞在中文裡面，便是天下僅此一人。但盟約簽訂後，契丹皇帝和宋朝皇帝兩者並駕齊驅，這當然讓儒教涵養深厚，知識水平較高的宋朝感到屈辱。

另外，宋朝每年必須贈予契丹絲綢等物品，稱為「歲幣」。由於兩國之間的經濟落差甚大，把歲幣視為某種程度的經濟援助也無不可。但是換個角度來看，也是為了避免任人宰割而選擇上貢，所以在宋朝當中，還是有不少人認為此舉喪權辱國。

無論如何，宋朝至少不必再提心吊膽，畏懼契丹隨時入侵。對契丹而言，不必花費一兵一卒，就能從宋朝得到物資，也沒有什麼好抱怨的。總之，既然獲得了遊牧國家的軍事後援，宋朝就能專注於建立有利於經濟發展的體制。

圖表4-4　西元11世紀的歐亞大陸東部地區

可以說在宋和契丹之間，完成了軍事政治和經濟文化兩方面的分工和共存體系。

當時，宋朝的鄰國不僅僅只有契丹（參照圖表4-4）。所以除了契丹以外，宋朝也和位於西北方的遊牧國家西夏建立了類似的關係。宋朝和西夏之間存在一些利害關係，又和契丹的情形大不相同。不過，整體而言，這樣的方法發揮功效，宋朝的體制就此安定下來。這套做法在學術界稱為「澶淵體制」，被認為是一套多國共存體制。

一般來說，想到中國就不得不提及中華思想。中國歷來並不承認外族能與自己平起平坐。不過在歷史上，這種情況反而比較特殊。大多數時候，都是多個國家努力尋求共存。宋朝如此，就算是唐朝、以及更早以前的三國和六朝，也是如此。的確，這套中華思歷經多朝，始終不曾消失。但是有無實現，或是否成為實際上的體制，則完全另當別論。

英文世界的研究者，將這種情勢稱為「China among Equals」（對等者中的中國）。根據這項研究，有些時代，例如宋朝，就是違背了中華思想，實際上承認對等者的存在。如果這種情勢能長久維持下去，或許最終將形成類似歐洲的西發里亞體制。[6]歐洲各國歷經三十年戰爭之後，在西元十七世紀締結《西發里亞條約》。與此相比，宋朝建立的國際關係大幅先於歐洲。因為歐美以此為基礎，實現了平等的國際關係，所以東亞或許也有走向相同結果的可能性。

不過，這畢竟還是一個奉行中華思想的國家，宋人自然不可能滿足於現狀。而反映這個觀點的代表例子，就是對秦檜這名政治人物的評價。

西元十二世紀前半，北方通古斯系的女真族建立金朝，奪下開封城，宋朝無能反擊，只能南遷並定都臨安（現今的杭州），從此以後的宋朝稱之為南宋。正是秦檜在背後促成這項體制建立。[6]

秦檜主張和金朝保持和睦關係，計畫維持南宋的政治體制。他認為如果貿然挑戰金朝強大的軍事力量，勢必得在前線派駐軍團。一旦如此，便可能危及政府的君主獨裁制。考慮到國內政治與對外的權力平衡，筆者認為，這是一名政治人物正確的判斷。

不過在中國史上，秦檜是著名的賣國賊，不僅品格低劣，也不見容於後世。連他死後的雕像也遭人唾棄鞭打。或許在中華思想的前提之下，他的作為依舊過於消極畏縮，難以服眾吧。

6　譯註：一六四八年歐洲各國簽訂《西發里亞條約》，確立各國疆域與主權，保障國與國之間的平等關係，約定不干涉他國內政等等。日後成為國際關係與國際法的基礎。

今日中國文化源流的誕生

無論如何，在中國史上，這都是一個充滿劇烈變化的時期。氣候暖化促成經濟發展，社會朝著多元化方向急速變動，政治決策面也必須立刻做出回應。以結果而言，這個時期人口急速增加。比如唐朝，就經歷過一個非常明顯的世代變化。當今的中國史研究，關於此時期的成果便相當豐碩。

總之，人口的增加就是社會資源非常豐富的明證。活絡的氣氛連帶促進文化和學問蓬勃發展。宋學和朱子學是這個時期的產物。在此之前的社會以佛教為中心，而朱子學吸收教義並加以整合到儒教內，形成一門嶄新的學問。

另外，文章形式也出現了新的變化。文壇原本十分流行文體流麗的「四六駢儷體」，特色是講求技巧、重視修飾，然而不久就出現了古文運動，積極主張恢復漢魏時期的樸素文體。這種盛況彷彿西方的文藝復興，文壇上也出現了名氣彷若西方的佩脫拉克和但丁的文人雅士。最具代表性的八人，合稱「唐宋八大家」。

八大家當中的韓愈和柳宗元，皆是生於唐朝末年的人物，他們的作品也成為後世的典範。韓愈更被奉為後世朱子學的起源者之一。

其他六名則為宋朝人。蘇洵、蘇軾和蘇轍，分別是父子兄弟。其中，蘇軾又名蘇東坡，因為發明了燉豬肉（東坡肉）而聲名遠播。剩下的三名則是王安石、歐陽修和曾鞏。他們都是非常知名的歷史人物，也是一流的政治家。日本人平常閱讀中國的文學作品或歷史書，他們的作品定然名列其中。蘇軾長於詩文，歐陽修則以歷史聞名。學習漢文的基礎教材，也大多將他們的作品列入入門教科書。

另一項進展，是由於燃料火力的大小比過去提升不少，現在我們所熟悉的「中華料理」也約莫在這個時期定型。一言以蔽之，這是中國的重要轉換期，今日所見的許多中國文化，都是在這個時期奠定基礎進一步發展。

蒙古部族的崛起

可惜好景不長，與共存體制相輔相成，多元豐富的時代終究無法長久維持。因為遊牧民族居住的草原世界又出現了變局。

東邊勢力擴張，必然牽引一部分人口往西邊移動，這已經是人類固定的遷徙模式。筆者在第四章最一開始也曾提過，回紇由東向西的移動是第一波遷徙，此處要說明的則是第二波：契丹的遷徙。

比較西元十一世紀（圖表4-4）與十二世紀（圖表4-5）的兩幅地圖，西元十一世紀時，原先位於中亞的「喀喇汗國」和「西州回鶻」到了十二世紀時，被另一個國家「喀喇契丹（西遼）」取而代之。「遼」指的是契丹。代表過了一個世紀以後，他們已經往西移動到此處。

為什麼會出現遷徙的情況呢？故事是這樣的，出身通古斯系的金朝在東方擴展勢力範圍，契丹受到威脅，只好採取和回紇人相同的路線出逃。話說回來，同樣屬於遊牧民族的契丹和回紇，從雙方都在東邊建立據點的時候開始，

圖表4-5　西元12世紀的歐亞大陸東部地區

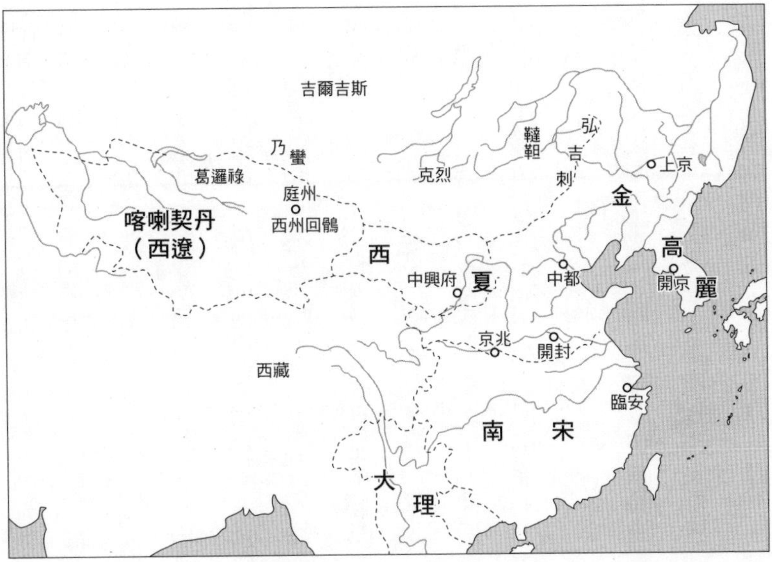

便建立了緊密的交流，他們的關係十分相似於先前提過的粟特人和突厥人。契丹的王族耶律氏，也通常迎娶回紇系的女性蕭氏作為后妃。

回紇後來往西邊移動，和粟特人組成聯盟，形成財閥。而契丹因為和回紇締結姻親關係，一方經商、一方遊牧的合作模式也持續了很長一段時間。正因如此，當契丹遭到金朝的入侵，我們便明白他們為什麼會一路逃往西邊，尋求回紇的協助。

另一方面，建立金朝的女真族，由於生活習性原本就偏向狩獵民族，他們沒有占領所有草原。如此一來，蒙古高原周邊的草原便形成權力真空地帶。為了爭奪這塊土地，部族之間的鬥爭愈來愈激烈，無人願意出面調停。最後，搶先打破渾沌僵局，成功取得最後勝利的，為日後建立龐大帝國的蒙古族。

從事商業的回紇人是最早與蒙古族有所往來的民族。因為西方的回紇人向蒙古伸出援手，成吉思汗才開始了西征的霸業。

成吉思汗的霸業是如何開始呢？舉例來說，在西元十二世紀的地圖中出現過的西遼，亡於北方遊牧民族乃蠻之手。他便以復仇為名義前往征討。乍看之下，這個理由多少有些不明究裡，但事實上，成吉思汗可能是受到回紇商人的唆使也不一定。

無論如何，蒙古崛起的背後有著中亞商人的支援，他們扮演推動歷史的關鍵角色。而這一連串的發展，不僅對草原世界和中亞，也對後來的中國史造成極大的影響。

第五章

蒙古帝國的興衰

——世界史的分歧點

歐亞大陸盡入掌心

西元十三世紀初的一二〇六年，成吉思汗即位。從這時候起至十四世紀末的約莫兩百年間，世界史一般稱之為「蒙古時代」。因為蒙古帝國的出現，是歷史上一個極為重要的轉換期。

本田實信教授在其著作《蒙古時代史研究》（モンゴル時代史研究）當中，整理了八張地圖，呈現蒙古帝國版圖擴張的過程。筆者在此引用其中的四張，分別是圖表5-1至圖表5-4。藉著這四張圖表，我們便能跟著時代的腳步，一同了解蒙古帝國的領土急速擴張背後的結構。

如圖表5-1所示，蒙古高原屬於東亞的草原地帶，而蒙古集團以此為據點，在成吉思汗過世前的二十年間，稱霸了中亞和西亞的乾燥區域與草原地帶。最初蒙古集團並未大肆開疆闢土，而是停留在鄰近範圍，和遊牧民族相互對峙。直到和突厥系的回紇人，以及伊朗系的穆斯林接觸之後才一舉併吞，朝西方前進，勢力大幅擴張到歐亞大陸主要的草原地帶。上述經過，便是蒙古集團征戰

圖表5-1　成吉思汗時代（西元1206-1227年）的蒙古帝國

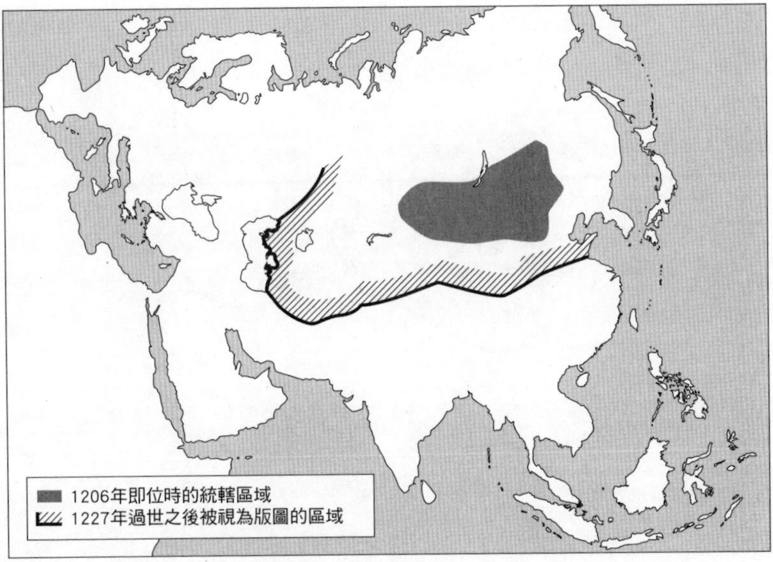

出處：據本田（1991）為基礎製圖。

四方的第一階段。

接著，西元十三世紀中期，成吉思汗之子窩闊台接棒，繼承大汗之位。圖表5-2所示便是由他統領的時代。這時，蒙古已經完全控制了適宜農耕的乾燥地區，最重要的是華北全域也盡入掌握之中。加上過去成吉思汗統一乾燥世界與草原世界，蒙古一口氣將統治範圍推展到了農耕地區。

圖表5-2　窩闊台統治時代（西元1229-1241年）的蒙古地圖

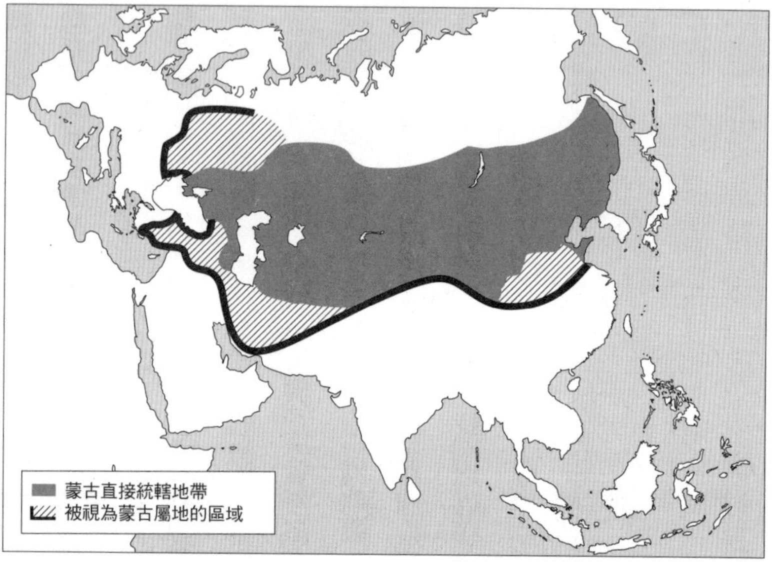

出處：據本田（1991）為基礎製圖。

筆者在第一章曾經說過，農耕民族與遊牧民族早先便在這個區域相互交流和競爭、開設市集，很早就出現蓬勃發展的文明。在蒙古採取行動之前，這塊歸屬於東亞——亦即中原的地區，是由通古斯系狩獵民族女真建立的金朝所統治。而蒙古便是從他們手中奪下這塊區域。

另外，窩闊台的兄

長、成吉思汗的長男朮赤，以及朮赤的兒子拔都披掛上陣，負責向西征討，不久就占領了南俄的草原地帶。遊牧民族的欽察族原先以此地為據點，故又名欽察草原。蒙古征服此地後，繼續進軍前往俄羅斯和東歐。以征戰的結果而言，這次的版圖擴張到了歐洲邊境地帶，史稱「拔都西征」。以上便是蒙古征戰的第二階段。

忽必烈奪權

西元一二四一年，窩闊台死後，蒙古帝國內部陷入長達十年的家族內鬥。雖然最初由窩闊台的後裔繼承汗位，然而反對勢力日益增強。最後，眾人認為窩闊台之弟拖雷的血脈更加才華輩出，江山因此易手。拖雷的子嗣，分別是長男蒙哥、次男忽必烈、三男旭烈兀、四男阿里不哥（參照圖表5-5）。

西元一二五一年，蒙哥繼承大汗之位，重新開始停滯已久的征服計畫，並宣布往西亞和東亞的遠征同時並行，當時的情況請參照圖表5-3。這是蒙古征戰

圖表5-3　蒙哥統治時代（西元1251-1259年）的蒙古帝國

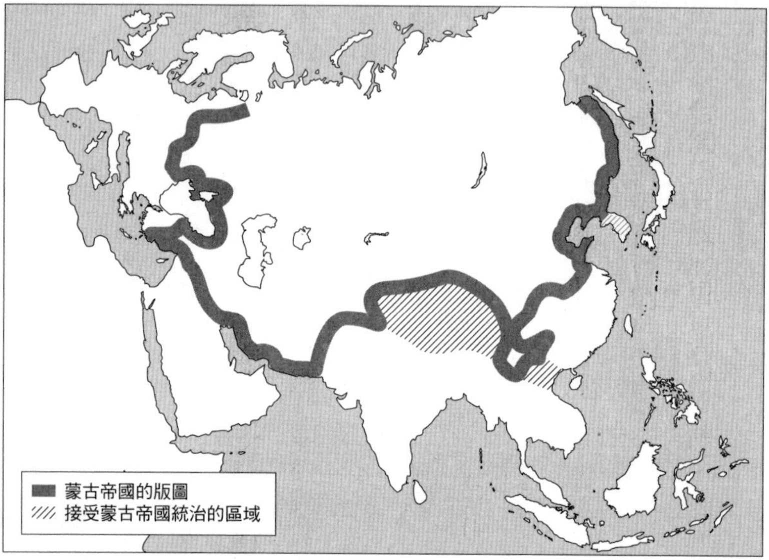

出處：據本田（1991）為基礎製圖。

的第三階段，以忽必烈征服南宋為句點，蒙古帝國的擴張也到此告一段落。

其中，負責進攻西亞的旭烈兀進軍中亞，占領伊朗全域，甚至挾大軍威勢從敘利亞繼續西進。另一方面，忽必烈則進攻東亞，殲滅金朝之後，再從成為蒙古領土的華北出發，一路將戰線擴展到隸屬於南宋的長江中上游。

同時，身居大汗之位的蒙哥也御駕親征，親自加入與南宋之間的戰事。卻不料在西元一二五九年的遠征路上猝逝。於是帝國內部為了爭奪汗位，再度陷入繼承人之戰。

隔年的一二六〇年，留在根據地蒙古高原的四子阿里不哥姑且繼承了蒙哥遺留的大位。然而身為次子的忽必烈大為不滿，索性在南方遠征之地擅自宣布繼承汗位。兩人之間的對立持續了數年，最終由財力和武力皆勝過阿里不哥陣營的忽必烈取得優勢，憑藉實力成為唯一的繼承人。

走向和緩的聯合體制

與此同時，身為三子的旭烈兀，正遠征到了今日的敘利亞首都大馬士革。他和蒙哥的計畫，原先是由敘利亞再進一步征服埃及，併吞整個地中海。但蒙哥的驟逝打亂了他們的野心。或者更正確地說，為了爭奪繼承權，旭烈兀留下軍隊駐守，匆匆返回。

不過，當時在埃及擴展勢力，並且信奉伊斯蘭教的馬木路克王朝（Mamlūk）襲擊駐守當地的蒙古部隊，蒙古人節節敗退。從此以後，蒙古軍隊再也沒有踏進敘利亞的土地。

而旭烈兀本人也因為返回蒙古高原的路程實在太過遙遠，終究沒能趕上繼承人之爭。於是，他乾脆在自己打下的伊朗周邊扎根，建立一個完全獨立的新國家。這便是圖表5-4所示的「旭烈兀兀魯思」（Hülegü Ulus）。

過去在日本的世界史教科書上，一般把這裡稱之為「伊兒汗國」（Ilkhanate）。不過，在蒙古文中，「伊兒」（Il）是集團之意，「汗」（Khan）則指君王，這個字詞頂多代表一國之主。既然只是君主稱呼，實在不足以指稱特定國家，故最近出現改稱「旭烈兀兀魯思」的趨勢。「兀魯思」（Ulus）的意思是「國家」，所以就代表是「由旭烈兀所建立之國」的意思。

而統治欽察草原一帶的派系也決定仿效上述做法。先前提過，成吉思汗的長子朮赤和其子拔都一同遠征，他們征服並統治這塊區塊之後，便以「朮赤兀魯思」（Jochi Ulus）為名獨立，和忽必烈統治的蒙古和東方一帶保持距離。

圖表5-4　西元1300年前後的蒙古帝國

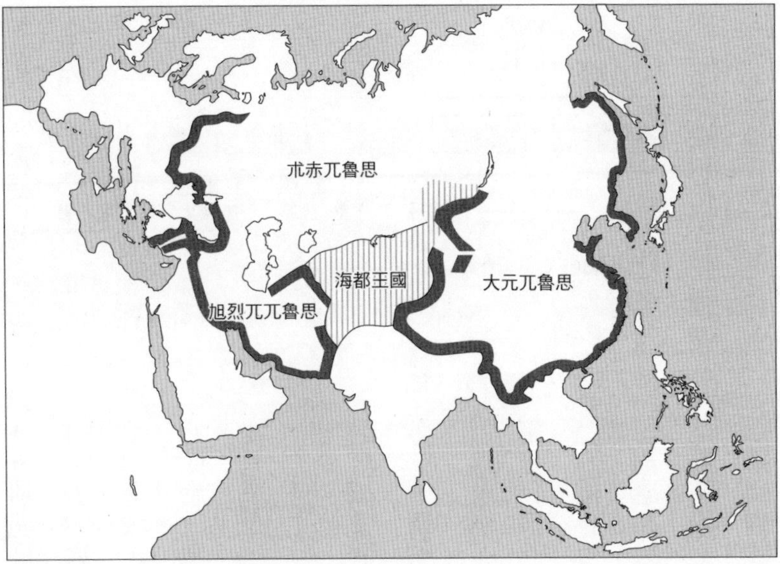

出處：據本田（1991）為基礎製圖。

以實際距離計算，兩地相隔最遠，這種做法似乎也是必然的趨勢。

最終，忽必烈依舊是整個蒙古帝國地位最高的領導者。諸國之間邊界彼此連接，利害關係錯綜複雜，各地的紛爭不曾稍停，但卻不曾互相擊潰對方，而是採取緩和的聯合策略。

只有一個地方頑強抵抗忽必烈的政權，到最後仍然不肯輕易放

圖表5-5　成吉思家譜簡圖

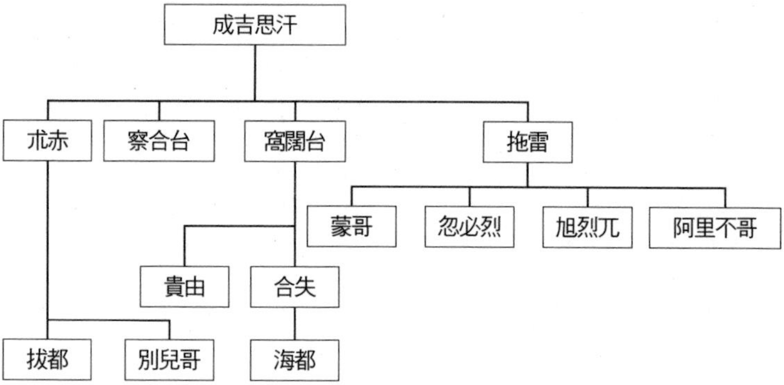

棄，那就是中亞。這裡原先是由成吉思汗的次子，窩闊台的兄長察合台的後裔所統領的區域。不過政局始終不穩，不久便被窩闊台之孫海都奪下，在地圖上誕生了一個嶄新的「海都王國」。

海都和忽必烈一族對立了好一陣子，最終以失敗收場。土地也被察合台的後裔奪回，情勢總算安定下來。

於是，蒙古帝國在忽必烈稱霸以後，劃分為東亞、北亞、中亞、西亞等四個區塊，並各自成立不同的兀魯思。以上四區可對應至第一章的圖表1-2和1-3。歷經三個征戰階段，首先統一草原世界，接著將版圖擴展到農耕世界，一口氣吞併歐亞大陸全境。彷彿按照世界文明的分界一般，蒙古帝國的內部也依序成立各個兀魯思。

大元兀魯思（國）的成立與壓制南宋

想當然耳，蒙古帝國的崛起帶給東亞和中國史相當深遠的影響。而關係最深的莫過於忽必烈。

忽必烈從前代大汗蒙哥的時代開始，便擔任類似東方軍團總司令的職位。目標非常明確，便是征服南宋。

不過，最一開始他並沒有取得太多的進展。因為南宋的自然環境和蒙古實在相差太多，這道理當然不言自明。

在乾燥地帶，蒙古軍無時無刻皆能騎馬奔馳，進行突擊。相反地，南宋位處濕潤地區，河川沼澤居多，騎兵根本無法自由行軍。忽必烈雖然預期到這將是一場長期戰，但蒙哥卻貶之為怠惰遲緩，決定親自率軍進入南宋，並主導戰事進行。殊不知，蒙哥此舉卻導致自己命喪黃泉。

蒙哥死後，忽必烈繼承汗位，利用自身的主導權，著手壓制南宋，最終在一二八〇年代完成目標。

兩軍戰事的轉捩點則是襄陽一戰。襄陽是位在長江中游的都市，靠近在武漢與長江匯流的支流漢江一帶。一旦攻下此處，就有可能全面壓制長江的上下游流域。

尤其是忽必烈此時已擁有水軍，他從襄陽揮軍往下游出發，輕鬆便攻下南宋首都臨安（杭州）。戰爭期間雖曾遭遇數次抵抗，但最終蒙古幾乎是毫髮無傷的情況下接收整個南宋。

圖表5-4所繪的正是西元一三〇〇年前後，蒙古帝國大致底定的疆域範圍。

忽必烈改國號為「大元」。以蒙古文字書寫為「大元兀魯思」（Yeke Ywan Ulus），漢字書寫則為「大元國」。「元」這個字出自於儒教經典，帶有「事物之始」和「原初」的概念。而忽必烈也將年號命名為「至元」，透露出他想以「元」的內涵建設國家的企圖。

另外，他立都今日的北京，並推行一連串建設。為了與「大元」的「大」取得一致，忽必烈將此地命名為「大都」。過去契丹族所建的遼朝，以及緊接在後的金朝，雖然皆以北京為首都，但忽必烈是第一位先提出明確的都市計畫，再開始建設的帝王。

此後，明朝和清朝也將首都設在北京，基礎仍是忽必烈當時建設的大都。現代的北京跟當時相比，基本上也沒有太大的改變。

另外還有一點，忽必烈也致力於建設上都（開平府）。這個都市位於北方，其地理位置正好和大都將萬里長城包夾其中。在蒙哥擔任大汗的時代，忽必烈便經營此地，作為未來經略中國的據點。登基之後，他便重新整備上都並著手擴建。

眾所皆知，北京緊鄰萬里長城的南側。換句話說，北京雖然位在遊牧區域和農耕區域的交界地帶，但又更接近農耕區域一點。於是，忽必烈便在長城的另一側，屬於草原遊牧的區域建設都市，並過著夏季待在北部的上都，冬季遷到南部大都的移動生活。因為遊牧民族原本就有隨著季節遷徙的習慣，並分別擁有避暑的夏季營地和過冬的冬季營地。忽必烈建設上都和大都，打造「首都圈」，承襲了先人的遷徙模式。

在此之前，蒙古的首都一直都選在蒙古高原中央的哈拉和林（現在的烏蘭巴托近郊）。不只蒙哥將據點設在此地，在他死後，被認定是繼承人的阿里不哥也未曾遷移。

不過，正如方才所述，占領中國南宋的忽必烈奪走大汗之位，同時也將首都遷至大都。整體來看，蒙古帝國的首都似乎有往東、南偏移的情況，不過西方仍交給旭烈兀兀魯思和朮赤兀魯思各自來管理。

長於宣傳和威嚇戰的蒙古軍隊

那麼，為什麼蒙古的勢力會突然崛起呢？不用說自然是他們擁有堅強的實力，而我們也不得不去了解造就他們強大的理由。經過研究，原因之一便是蒙古軍隊非常擅長於宣傳作戰。

蒙古軍隊的驍勇善戰無庸置疑。在軍事史上，槍砲彈藥作為武器登場之前，騎兵擁有壓倒性的機動力，在戰場上所向披靡。而其中的佼佼者，莫過於本來就是遊牧民族的蒙古軍隊。實際上，在成吉思汗的時代，他們就常在戰鬥中徹底殲滅對手。

強悍的蒙古軍聲名遠播，可能遭到攻擊的區域在實際戰鬥前，便已風聲鶴唳。蒙古便抓住這點心理，以威脅入侵作為手段，逼迫對手不戰而降。換句話說，蒙古是靠著宣傳戰和威嚇戰收到勝利之功。

而且一旦對手願意歸順，蒙古不會加以蹂躪破壞。當地百姓可以安心居住在原本的土地上，繼續過著和之前相同的生活。

其中的典型案例，就是針對南宋的統治與經營。蒙古只攻陷襄陽，其他地方幾乎沒有發生激烈戰事，就獲得南宋上下全面臣服。所以在忽必烈統治時代，江南人口急速增加，生活欣欣向榮。如果採取徹底的彈壓手段，可能就不會出現這樣的結果了。蒙古基本上也對其他地區採取類似的手法進行統治。

支持蒙古軍隊運作的商業資本

另一項讓蒙古所向無敵的重點，是他們和商人之間的緊密關係。

成吉思汗時代，蒙古占領了整個草原地帶，綠洲都市群也包含在內。從這個時候開始，蒙古便與以此地為據點的商人之間有了交流，其中的代表就是回紇人。

上一章曾經提過，回紇屬於突厥系遊牧民族，原先在蒙古高原一帶活動。然而，回紇從西元十世紀左右開始往西邊的中亞移動，並與當地的粟特商人相互混血，進一步定居下來，建立西州回鶻這個國家。

因為西邊的鄰國喀喇汗國，同樣也是突厥系的遊牧民族國家，這個時期中亞正面臨全面的突厥化。只不過，西半部的喀喇汗國轉為信奉伊斯蘭教，東半部的回紇則是以佛教和摩尼教較為普遍。

成吉思汗率領蒙古軍襲擊此地，不過回紇人卻堅忍不屈，既不全面投降，也不做抵抗。相反地，他們和蒙古進行交涉，願意提供資金和情報，換取蒙古軍隊的保護以及經商的權益。

於是，回紇的商業資本與蒙古的軍隊互為助力，擴大在絲路上的商業經營範圍。商人們為了在嶄新的土地獲得利益，可能如同領航員一般，引導蒙古軍隊選擇適宜的進攻路線。另一方面，他們也可能視場合不同，代替蒙古事先前往該地勸降。假使如此，回紇人也是蒙古帝國擴張的過程中無可取代的功臣。

貫穿歐亞大陸

姑且不論回紇人是否在蒙古帝國擴張上扮演了極其重要的推手，以中亞為據點，連同中國本地在內，蒙古帝國的影響遍及各地。由圖表5-6可以一窺當時蒙古帝國的全貌。

影響之一就包括交通線路的擴建。距離遙遠之地如果要進行商業活動，最重要的關鍵就是物流。絲路固然是主要的幹線，從絲路延伸而出的支線也相當發達。建立交通網絡之餘，歐亞大陸各地也紛紛設置了住宿和運輸設

圖表5-6　蒙古時代東西方的經濟交流

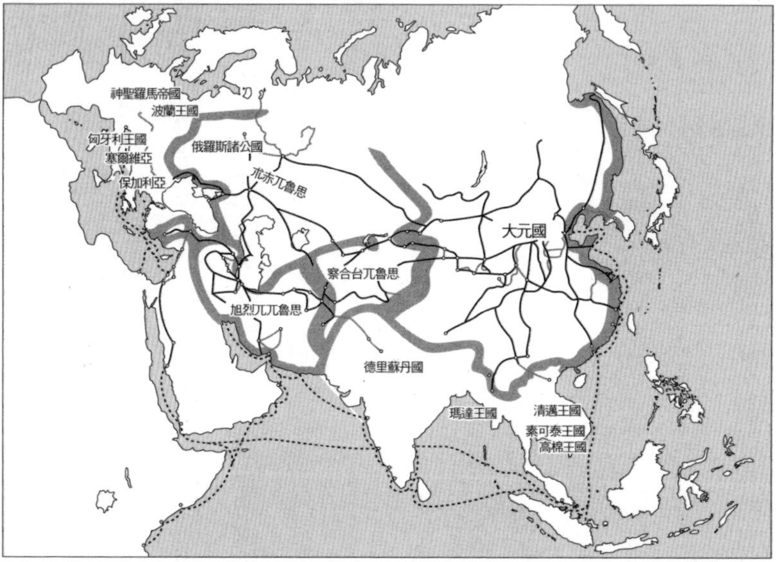

出處：據本田（1991）為基礎製圖。

施。這在蒙古文中稱為「Jamči」，相對應的漢字則為「站赤」，現代中文「站」的意思便源自於此。因為東西方交通便利，商業資本也得以擴大到各地。

在忽必烈手下負責經營中國的人物之中，除了中亞出身的突厥系回紇人，還有眾多伊朗系穆斯林商人。這類人士一律稱之為「色目人」。「色」和「目」

都是種類的意思，表示有別於漢人的其他諸多種族，並非指眼睛的瞳色有所不同。蒙古帝國的經濟和財政，基本上都是由色目人負責管理。

帝國中央政府基本上，不針對農地或農作物抽稅。最主要的財源頂多來自於商業流通過程的稅收。這也是蒙古帝國和商人互相結盟之後的重大特色。

不過，放眼帝國全體之下，從屬於蒙古的地方統治者，根據各自的需求依舊會導入其它稅制。這當然也包括土地稅和針對農產品的徵稅。以現代的角度來看，這近似於地方稅的概念。

順帶一提，根據筆者的推測，或許不只有蒙古採行此種稅收制度，而是遊牧國家普遍的現象。由於尚未找到足以佐證的史料，這點就成為了相關史料較為豐富的蒙古的特色。但話說回來，也只有蒙古帝國將此制度高度系統化，並實際推行運用。

紙幣的普及

無論是經商，抑或徵稅，貨幣都是不可或缺的存在。中亞和西方主要使用銀作為貨幣。隨著早前商業資本的擴大，忽必烈統治前的中國便已經相當習慣使用銀子。尤其忽必烈可能從商人或資本家那裡得到建言，決定將這樣的銀本位經濟和中國既有的貨幣制度相結合。

當時的中國因為歷經唐宋變革，市場上主要流通的貨幣是過去即有的銅錢。正如圖表4-3所示，唐代的開元通寶作為銅錢的代表，歷代的主要規格皆為正中間開一個四方型的孔洞。前一章筆者曾經提及，宋代鑄造了大量的宋錢，導致不久之後銅產量面臨短缺，只好以鐵錢或紙幣作為代替。鐵錢價值不高，重量過重，攜帶不便；相較之下，紙幣則有輕巧便利的優點。

假設一枚銅錢有十日圓的價值，那麼，若得處理一萬日圓的交易，就需要一千枚銅錢。一般來說，交易的方法是將繩索套過銅錢中央的孔洞，光想就沉甸甸的。相反地，如果換成一張標示為「一萬日圓」的紙幣，將會有多麼輕鬆便利啊。

話說回來，關鍵也在於如何擔保紙幣的信用，也就是一張紙如何讓市場承認具有一萬日圓的價值。雖然宋朝和金朝已嘗試使用紙幣，也曾具有一定的流通量，但其信用難以為繼，無法說是成功的貨幣政策。

於是，忽必烈便將目光移到紙幣的功用與這項待解的課題上。銀在市面上本來就是受到廣泛使用和流通的貨幣，而政府開始儲備銀子作為事先準備，並在市場發行等價兌換的紙幣。

宋朝發行的紙幣稱為「會子」或「交子」，金朝和元朝發行的紙幣則稱為「交鈔」。在忽必烈時代新發行的紙幣，由於當時的年號為「中統」，於是又名「中統鈔」。因為政府掛保證可以和銀子相互兌換，也讓這款紙幣在市場上流通。如此一來，商業往來的便利性一口氣提升了不少。

圖表5-7所示便是當時流通的銀。政府收集可以用來加工的原料銀，並重新鑄造。每一枚銀錠皆按照規格，具備一定的純度和重量。上面還刻有年號、重量、相關單位的名稱等訊息。

支持紙幣信用的銀和鹽

忽必烈為了推行紙幣的兌換，不只提前儲備了銀和貴金屬。還有一樣數量有限且擁有一定價值的東西，那就是鹽。

如同前面章節所述，中國從唐宋時代開始，鹽就屬於國家專賣的一環，只有少部分商人得以經手交易，而且會抽取原價幾十倍，甚至是幾百倍以上的稅金。獲得特許的商人由於必須繳納天價稅金，作為補償，他們一手包辦作為生活必需品的鹽，從中獲取龐大的利益。忽必烈政權也承襲這套鹽政制度，並加以活用。

圖表5-8是政府給予特許商人的鹽業專賣許可證，發行的政府單位是負責管轄鹽業專賣的「鹽運使司」。這張許可證稱為「鹽引」，「引」的意思是證書或是執照。

我們仔細觀察圖片能發現右側有一行字，寫著「兩淮都轉運塩使司」。「兩淮」是地名，指的是山東半島和長江流域之間的淮水流域。河口附近的海岸有

圖表5-7　銀錠：可與中統鈔對價交換的銀

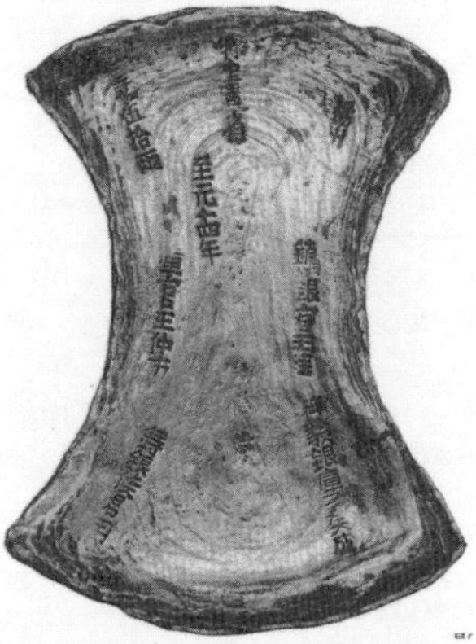

圖表5-8　鹽引：鹽的專賣許可證明

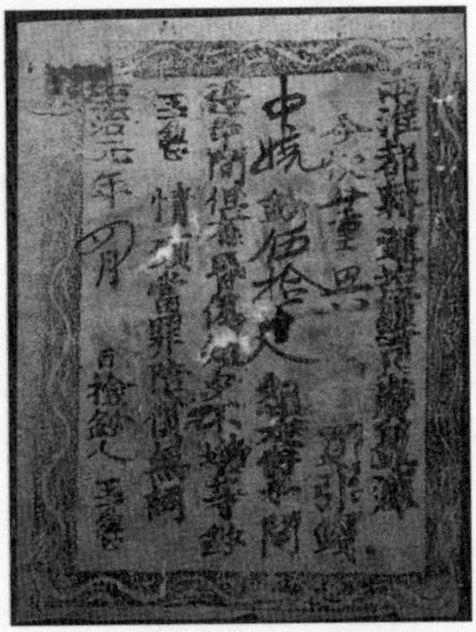

著橫越南北的沙灘，是非常適合用海水製鹽的地區。這裡靠近筆者在唐宋變革的段落介紹過的揚州，是中國少數的鹽產地。

雖然中國擁有廣大遼闊的領土，但海岸線不長，產鹽的區域自然相當有限。儘管內陸不乏鹽湖或是鹽井，但如果想大量生產，取之不盡的海水依舊是最理想的選項。為此，兩淮地區開始產鹽以後，政府只要掌握此地，便可以控制中國絕大多數地區的鹽產供給和需求，也很容易課稅。因為具備上述條件，作為生活必需品的鹽，才能從很早的時候開始便在中國成立專賣制度，且持續相當長的一段時間。在此之後，「兩淮」的鹽也一直是政府的主要財源。

接著讓我們繼續觀察，這張鹽引的中間寫有「中統鈔五拾錠」等文字。這行字代表鹽引的價值。也就是說，這張許可證本身即具備有價證券的價值，也可以用來代替紙幣在交易時使用。

圖表5-8的許可證來自遙遠的西方，是從甘肅的沙漠中出土的珍貴文物。由於沙漠位於乾燥地區，較不容易受到腐蝕，後世才得以發現如此珍貴的紙張史料。例如「敦煌文書」等中國歷史上少數的史料，也屬於其中一個典型。相反

地，諸如江南地區，或是日本這類濕氣重的地方，紙張史料易遭損壞，難以留存。

儘管如此，這張可能是在首都或中國南部沿岸地區發行的許可證，為何會在遙遠的西方沙漠出土？這正是它如同今日的股票或是有價證券，獲得廣泛流通的證明，也代表鹽業專賣的價值普遍受到認可。

另外，也有可能是因為沙漠附近的乾燥地帶聚集許多商人。「五拾錠」的匯率換算頗為複雜，筆者也不甚清楚，但既然是專賣許可證，可想而知價值一定不斐。以今日的價值來看，保守估計也有五十萬日圓，甚至可能達到五百萬日圓。使用如此高價的有價證券進行交易，得以讓後世一窺當時極為蓬勃發展的商業活動情況。

當時所建立的商業金融體系與規模，絲毫不遜於今日。而且是經濟界和政府的協力合作而實現的盛況，筆者認為這點也是跨時代的創舉。

經濟圈的擴大與共存

西元十三世紀至十四世紀初，蒙古的勢力席捲整個歐亞大陸，當時亞洲的物流與交易並不僅限於陸路，也包括以印度洋為中心的海洋運輸。穆斯林商人主導商業交易，他們的船隻通過麻六甲海峽，將商業網絡推展到了廣州一帶。根據過去在南宋時期的紀錄，位於現今福建省南部，距離首都臨安不遠的泉州，已經有許多外國商人熙來攘往。

當時最具代表性的便是蒲壽庚這號人物。「蒲」在現代中文的發音為「bǔ」，不過這其實是從阿拉伯人姓名中常見的「Abu」音譯而來。也就是說，他出身自阿拉伯系的穆斯林家族，最先在廣州定居，不過後來移住至泉州。他在中國沿海貿易有著龐大的勢力，原先效忠南宋，爾後迅速歸順蒙古帝國，在決定南宋命運的關鍵時刻，還扮演了重要的角色。當然，此後他依舊保有經濟上龐大的勢力。

順帶一提，世界上最早且有體系介紹「蒲壽庚」相關事蹟的研究者，是日本東洋史學的草創者桑原隲藏教授。桑原教授的研究成果，是日本東洋史學冠絕全球的出發點。因此某種意義而言，蒲壽庚實則是日本人應當銘記在心的歷史人物。

忽必烈的目標放在經濟的活性化上，自然將目光轉向這股勢力。在國家的主導下，海洋商人獲得組織統整，忽必烈也致力於經營印度洋和中國沿岸的海洋貿易和交通。舉例來說，與忽必烈統治的元朝關係友好的旭烈兀兀魯思，便依循圖表5-6的印度航線，派遣使節前往伊朗交流。

大約在西元一二六〇年，忽必烈繼承汗位後，蒙古就停止了軍事性質的版圖擴張，而把精力投注在建立以元朝為中心，規模遠布世界各地的經濟圈。套用現代的說法，便是追求「全球化」的發展。伊朗系的穆斯林和回紇人擔任主要的行動部隊。而作為其後援，主導軍事力量的部隊則是蒙古人和突厥系的遊牧民族。

這些民族不管在語言、習俗、文化上皆不相同。某種程度而言，應當是彼此水火不容，但也有各自籌謀，按照自身利害進行策略性結盟的一面。儘管如此，蒙古帝國依舊建立了一個不同種族得以共存的體制，筆者認為這是人類史上非常值得注目的關鍵。

「元寇」與「西征」在歷史上的意義

談論蒙古帝國的時候，還有一個概念必須提及，亦即所謂的「元寇」。對日本而言，提到「元」就會直接聯想到「蒙古來襲」這樣強烈的軍事侵略印象，不過實情可能與想像有些微落差也說不定。有一個說法便認為，以蒙古人的角度來看，這不過是擴大經濟圈的一環，他們的目的並非軍事性的征服。

例如蒙古第二次的「來襲」，史稱「弘安之役」。據聞蒙古派遣了足以容納十萬人之多的大型船隊前往日本。這些人雖然被稱為「江南軍」，但筆者不認為全員皆為士兵或軍人，應該也包括了許多移民和商人。

當時的博多周邊，因為日宋貿易而相當繁榮興盛，如果說其他人也想在該地建立基地來從事商業買賣，一點也不稀奇。而站在日本的立場來看，對於這些所謂的「元寇」也不是單純抵抗外國侵略的國土保衛戰，而是對當時盛行的「全球化」的一種抵抗。

事實上，歐洲也發生了一場相同的戰事。以波蘭為舞台的列格尼卡戰役（Battle of Legnica）是「拔都西征」的高潮。雖然蒙古軍隊大勝波蘭和德國的聯軍，不過，他們隨即因為大汗窩闊台的猝逝而撤退。

和「元寇」相同，這場戰事背後帶有多少經濟上的企圖，目前仍沒有定論。不過蒙古的撤軍讓俄羅斯以西的歐洲，沒有受到蒙古帝國式的商業資本和經濟制度的波及和影響，這是不爭的事實。在圖表1-2的「文明地圖」可以看到日本和歐洲是被劃在其他文明世界的範圍。

氣候寒化導致衰退開始

總之，南宋富庶的生產力和經濟力，是前述蒙古帝國和元朝的經濟骨幹。而中國本身也透過元朝的經營，接收來自西方的銀和貨幣，以及商業金融的操作手法和體系，這些事物也在中國扎根發展。從這層意義來看，中國和元朝已經建立休戚與共的關係。

儘管蒙古帝國國力鼎盛，並在西元十四世紀後半達到高峰，之後情勢卻急轉直下，走向滅亡的道路。最主要的原因，是地球又再次面臨氣候寒化。

前面筆者談過，約莫西元八至九世紀時，地球的氣溫重新回升，遊牧民族和農耕民族的活動都轉為活絡。蒙古帝國的強盛繁榮，也是氣候暖化時期的集大成象徵。不過隨著氣溫逐漸下降，支撐國力發展的條件也逐漸崩毀。

這個時期「黑死病」肆虐歐洲。目前推測「黑死病」可能是腺鼠疫。此一疾病在中亞出現，並經由蒙古帝國的交通幹線四處傳播。實際上，彼時中國也正面臨傳染病大流行，恐怕感染源也是來自相同的地方。氣候一旦變冷，傳染病就容易四處蔓延，這個道理從古到今都不曾改變。尤其在當時欠缺有效的預防方法和藥品的情況下，事態一定更加嚴峻。

而且，氣候寒化必然造成農作物收成的品質不佳，產量一旦下滑，商業運作也難以繼續維持，絲路的主要幹線和支線也斷了連繫。在此之前，歐亞大陸在蒙古帝國的經營下，經濟欣欣向榮，不料轉眼之間便陷入嚴重的蕭條窘境。

氣候寒化所帶來的另一項巨大的變化，便是歐亞大陸東西雙方的隔絕與分道揚鑣。過去在唐朝，絲路的存在促使歐洲和中國之間的交流和繁榮。蒙古帝國時代也繼承了這項事業，粟特人、回紇人、以及伊朗系的穆斯林商人絡繹不絕，東西向的往來十分良好。不過，傳染病的流行令雙邊交流陷入中斷，中亞的前景頓時陷入一片愁雲慘霧。

過去建立的商業規模和都市經濟，事後的確恢復了。西元十五世紀，帖木兒王朝的興起也是歷史上著名的盛事。不過，正如筆者在後面會說明的，此後，其他的交通路線獲得發展，而中亞的絲路則變成地方的交通幹線，從古至今連結歐亞大陸東西兩側的特殊意義，自此消失。

在這個過程中，中亞本身和東亞之間的關係也漸趨淡薄，最後完全被伊斯蘭化。歷史發展至此，歐亞大陸的東西兩側正式成為兩個完全不同的世界。說得更誇張一點，過去擔任連結東西向橋樑的中亞，現在卻反而轉化成為阻隔東西兩邊的屏障了。

中亞以西的人完全不清楚東亞發生了什麼事，而東亞的人也對伊斯蘭幾乎一無所知。這樣的情況很有可能就是從這個時期開始的。

從大都（北京）撤退

當然，中國的經濟也遭受巨大的打擊，歐亞大陸各地的負面效應也波及中國。換做今天，就彷彿世界經濟同時面對股票下跌而引發連鎖反應。先前提到的紙幣和有價證券，在史料中也留下了「幾乎等同於廢紙」的相關紀錄。

一旦紙幣無法繼續流通，在背後支援其價值的貴金屬或銅錢等物，定然也被囤積起來而消失在市場上。因此中國境內，立刻退回只能以物易物的自然經濟世界。尤其是生產力貧乏的都市，治安漸趨惡化，為了尋求安全和糧食，愈來愈多人移居農村。中國的生產力、西方的商業資本以及相應的組織，這些原先由蒙古一手建立推動並賴以為生的成果，現在全數面臨解體的悲慘命運。

試看蒙古帝國在過去成吉思汗之前的時代，也曾在草原上過著遊牧生活，即使是一方王族也能過得充實。不過，曾經一度完成稱霸世界的偉業，從南方獲取物資，享受榮華富貴，有道是由儉入奢易，由奢入儉難。蒙古政權在氣候寒化和經濟蕭條的夾擊下，終於失去了統治權。

除了上述情況以外，由反抗勢力組織的叛亂活動，開始在過去是南宋領土的江南地區發生。兩淮出身的張士誠為首的私鹽商舉起造反大旗，給予蒙古極大的打擊。

這些私鹽商進行黑市交易來中飽私囊，但提供價格較為低廉的鹽，自然而然獲得庶民的支持。此舉當然招惹當局的注目。然而，政府的彈壓行動以失敗告終，導致鹽業專賣無法繼續經營。對政府而言，不只失去鹽業的專賣收入，鹽引的價值也跟著暴跌，原本的有價證券成了空頭支票。一旦信用陷入不穩的局面，全體的財政經濟也轉瞬崩毀。

更有甚者，張士誠的據點正是比今天的上海還靠內陸一些的蘇州，這一帶是中國最大的米倉。蘇州自唐宋變革之際，從「五代十國」的吳越時代開始進行整頓，全面開發成為水田。不管是北宋、南宋、還是元朝，全都極為仰賴這裡出產的稻米。

當時曾經流行一句諺語：「蘇湖熟、天下足」。這句話的重點就是指蘇州和湖州一帶的稻米收成，天下百姓就得以飽食無虞。這裡便是如諺語所形容一般產量豐沛的穀倉地帶。因此，張士誠占領該地之後，首都位在大都的蒙古既無法獲得鹽業的收入，同時也失去了稻米來源，這對帝國而言，可說是致命的一擊。

西元十四世紀後半，建立明朝的朱元璋大舉追殺蒙古人，將之逐出大都（北京），他們只好一路撤回今日的蒙古高原附近。於是，原本在蒙古的統治下獲得融合契機的東西和南北、農耕和遊牧地區，以及軍事和經濟，又再度面臨分裂的局面。過往構築的政治、經濟、社會體制也隨著蒙古帝國的崩壞而重新洗牌。

第六章

現代中國的原點

——明朝

明朝的企圖：建立純粹漢民族的王朝

蒙古帝國在西元十五世紀初正式瓦解。歐亞大陸大致上以帕米爾高原和中亞為界，分成東西兩側。帖木兒王朝在西側崛起；而位於東側的中國則由明朝登上歷史舞台。

帖木兒王朝是一個新興的遊牧王朝，繼承了蒙古帝國四大汗國之一，位於西方的察合台兀魯思。因此我們不妨將之視為蒙古帝國的後繼者。

帖木兒王朝首都位於中亞正中央的撒馬爾罕。撒馬爾罕是一個綠洲都市，自然聚集眾多商人，不過帖木兒本人卻不逗留在首都，而是巡視首都周邊，過著架設帳篷生活的日子。這個做法可以說是繼承了過去蒙古時代，以遊牧民族的軍事力量保護定居百姓和商人的傳統。

他們以撒馬爾罕為據點征服四方，成為一大勢力。詳情可參考圖表6-1。這也是中亞歷史上最後一個統一的王朝。或許稱得上是蒙古帝國西半部最後的掙扎吧。

圖表6-1　帖木兒王朝

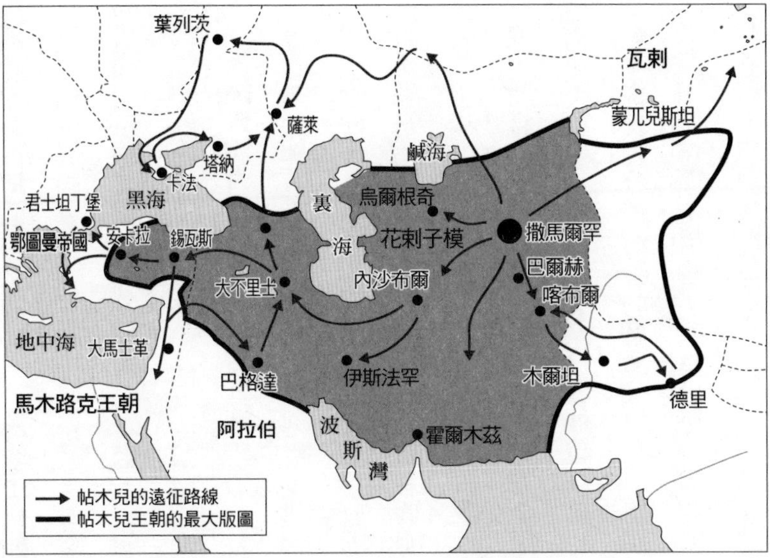

另一方面，東亞則出現了和帖木兒王朝完全不同的發展。雖然出身南方貧窮農家的朱元璋建立明朝，並於西元一三六八年登基，但國內仍殘存不少蒙古勢力，因此當務之急便是盡快排除這些勢力。

在漢字文獻中，時常用「混一」來形容蒙古帝國建立的偉業。「統一」一詞雖然更為淺顯易懂，但是蒙古帝國內部的多元共存，例如遊牧民族和農耕民族、商人和軍隊，因此從這個角度而言，「混」字更能表現實際的樣態。

明朝建國的出發點，便是出自於對上述蒙古帝國的反抗和否定心理。朱元璋的目標，是將農耕世界分離獨立出來。明朝將原本多元化的社會重新區隔出「中華」與「外夷」之別。在空間意義上，所謂的「中華」就等同於農耕世界。追求民族純粹和自尊是其基本方針。

當時的明朝時常使用「華夷殊別」這個詞彙。意思是徹底區分「中華」和「外夷」的差別，忽視和排除後者的存在，試圖恢復此前被風俗不同的「外夷」蒙古給汙染的「中華」。這一連串行動，讓明朝找到了安身立命的存在意義。

話雖如此，留在國內的蒙古人為數可觀，也有許多漢人模仿蒙古人的服裝和習慣。要將這種稱為「胡俗」的文化完全掃除，恢復純粹的「中華」本色，實際上並不容易。而且衣著飲食等外觀可見的部分，更改起來或許比較容易，但是無法從外在分辨清楚的意識或思想、組織或制度、社會結構、行動模式等部分又該如何處理？這些都成為日後待解的難題。

往後將近三百年的時間，中國都在天平的兩端左右擺盪：是延續蒙古遺留下來的做法，整合遊牧與農耕，也就是統合文化經濟和政治軍事層面；抑或是將兩者完全分離。

建立「朝貢一元體制」

對於殘存在中國境內的蒙古人和蒙古文化，朱元璋的態度非常強硬。蒙古帝國的忽必烈在位近三十年，他花費心思建立了獨特的統治系統。而朱元璋也在將近三十年的治理歲月下，重新改造這套體系。

最具代表性的政策，就是對外實施鎖國。如圖表6-2所示，中國不只在北方透過萬里長城明確隔開農耕與遊牧民族，針對沿岸的出入也進行管制。所謂「海禁」的嚴格程度，幾乎是「片板不許入海」。政府也加強取締在海岸肆虐的海盜集團，這點也和鎖國政策有關。

根據海禁政策，陸路和海陸交通都被阻斷。只有漢人能被收編在「中華」的範圍，其餘的人群都被視為「外夷」，禁止出入中國。

不過，明朝並非封閉所有對外聯絡管道。想要來到中國境內，或是希望能從事商業交易的外部人士便紛紛前來尋求出入的途徑，即為「朝貢」體制。「朝」的意思是打招呼，「貢」則是土產。所以朝貢的本意就是帶著土產前來拜訪。原先只是一件誰都能做到的日常小事，不過主體如果是身為「外夷」的周邊國家和「中華」的天子，就不得不添上一個更正式威嚴的名稱。

圖表6-2　明朝版圖

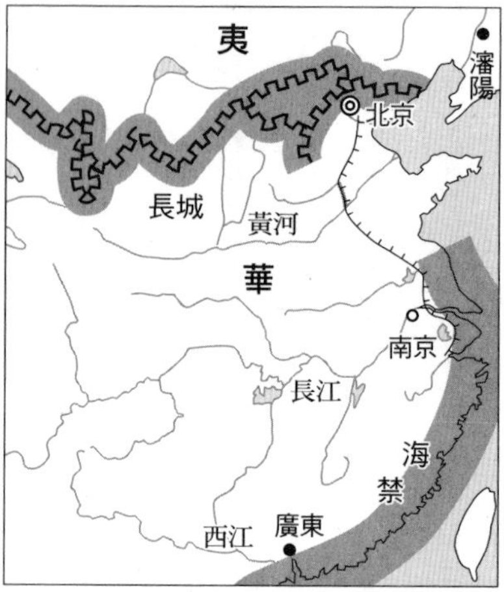

當然，原本朝貢這個行為本身不分內外，從秦漢時代既有之。畢竟其本意只是一般通例的禮尚往來、問候贈答行為。不過朱元璋所實施的「朝貢」，是禁止周邊國家透過朝貢以外方式進行交流往來。這套由明朝發明的奇特制度，在歷史上可說是前無古人、後無來者，唯獨明朝推行。而日本學界一般將之稱為「朝貢一元體制」。

既然帶著土產去打招呼，就代表非得跟對方低頭不可。如此一來，君臣的上下關係清楚劃分，意味著對明朝行臣禮，奉對方為「上國」，承認自己只是區區的「屬國」。

一般談到中國史上的外交關係，時常會看到一種說法，認為中國所有朝代皆採取朝貢的一元化體制，事實上這是錯誤的觀念。所謂「朝貢一元體制」，是直到明朝才建立的系統。

藉由這套體制，明朝不僅滿足了自尊心，也進一步區分「中華」和「外夷」之別，得以建構一套上下關係明確的秩序，思想和實際層面都獲得成果。

另一方面，對於向明朝朝貢的國家而言，也可以獲得不少好處。首要目標當然是和中國保持往來關係，而背後真正的目的還是實際的利益。比方說，能獲得比自己帶來朝貢的土產還要貴重的回禮。與「朝貢」相對，稱為「回賜」。在這些國家的眼中，這可堪比用蝦子釣鯛魚。一本萬利，十分划算。

還有一點，和朝貢團隨行的使節團，除了參與正式的禮儀拜會，也能在中國國內獲得買賣交易的資格。滯留期間，使節也允許購入或是儲備中國物產，因此這些人也一起加入朝貢團的行列。

排除貨幣和商業

「朝貢一元體制」也和經濟財政制度合而為一。

前一章說過，蒙古帝國瓦解之後，作為基本通貨的紙幣變成無用的廢紙，貨幣和貴金屬也受到封存，進而消失在市場的流通機制上。最後，交易甚至又退回過去以物易物的世界。到這種地步，商業當然遭受毀滅般的打擊，整個社會也陷入嚴峻的經濟蕭條。

面對上述自然經濟的條件下，朱元璋重新立定新的財政經濟政策。他首先致力於回復農業生產。圖表6-3的「魚鱗圖冊」是流傳至今的史料。正如文字所形容一般像魚鱗一樣，將土地位置、大小規模，以及土地所有人等資料記載其上，功用一如現在的土地登記簿。

圖片右上方註明為「洪武丈量魚鱗圖」。「洪武」是明太祖朱元璋在位期間的年號，因此他也時常被稱為「洪武帝」。「丈量」則是土地調查之意。政府以收取年貢為前提，重新測量所有的土地面積和土地條件，清楚辨明其歸屬和所有權。

與此同時，政府也推行叫作「編審」的國勢調查。換句話說，就是製作戶籍，了解某人歲數多少、家庭組成為何。在編審的基礎上，成年男性必須服勞役，名為「徭役」。基本上「徭」和「役」都是相同的意思。如果硬要區別的話，「役」代表主要的正規任務，又稱「正役」；「徭」則意指其他瑣碎的勞務，又稱「雜徭」。具體而言，就是在國家的公共事務或政府機構，從事相關

圖表6-3　魚鱗圖冊

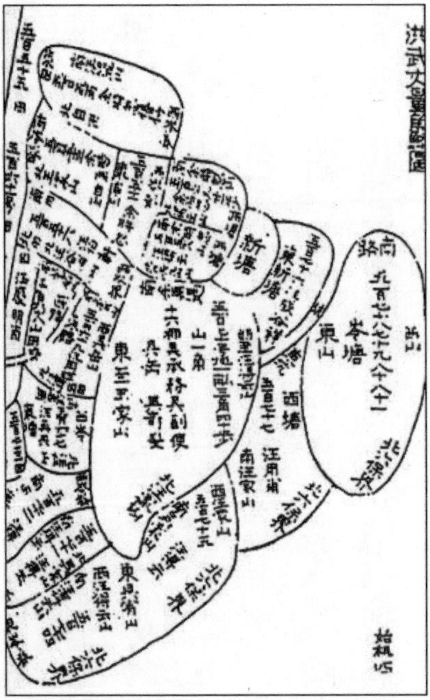

的服務。

在這套體制下，政府可以直接徵收土地產出的農產品，同時百姓也必須提供勞動力。這是明朝徵稅制度的兩大支柱，兩者皆無貨幣介入其中。最大的特色便是當時的財政帳簿上，註記著「米為若干石」、「飼料為若干束」。我們就將這種財政經濟的方針，稱為實物主義吧。

換言之，明朝所構想的經濟財政，完全排除了商人或商業的存在。既然沒有商業交易，就不需要貨幣。這便是所謂的「農本主義」，是一種「反商」的做法。

考慮到當時因為戰亂造成百廢待興的社會情勢，這套復興政策不失為合理妥善的方法。畢竟回復生產力是當務之急。實際上，當時貨幣既然已經從市場上消失，自然也不得不考慮採取其他經濟體系。但是不管經濟如何凋敝，要在西元十四至十五世紀之間，在不使用貨幣的情況下維繫經濟，實在難以想像。

否定貨幣經濟的明朝

於是，朱元璋發行了一款名為「大明通行寶鈔」的紙幣。從圖樣到規格，這款紙幣完全仿造蒙古帝國下元朝發行過的交鈔，一般簡稱為「大明寶鈔」或是寶鈔。

寶鈔的實物請參考圖表6-4，上面寫有「壹貫」的字樣。之前筆者提過，過去使用的硬幣是中央開有四方形的孔洞，中間穿過繩索連成一串使用。一千枚串在一起的錢幣是一個單位，稱為一貫。這張紙幣上寫的正是其面額。不過，明朝的制度仍以實物主義為主，以物易物才是主體。因此紙幣並沒有廣為流通的跡象，也不能拿來兌換。

話說回來，這張紙幣不過只是張普通的紙片。和蒙古帝國時代為了發行交鈔而準備大量的銀和鹽相比，就有著決定性的差異。紙幣背後的價值和信用，完全仰賴政府的發行和回收。

這大概也是因襲了前代的做法吧。當然，明朝的規模和採行商業本位的元

圖表6-4　大明通行寶鈔

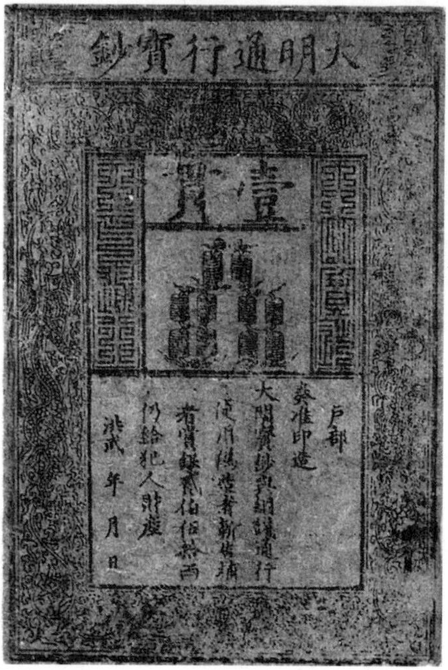

朝自然不能相比，但明朝也在交通要衝之地徵收流通稅。納稅的時候，果然還是必須使用寶鈔來繳納。

這些徵稅機關稱為「關」，也是「稅關」一詞的由來。因為用寶鈔納稅之故，又稱為「鈔關」。政府便透過稅關所徵得的稅收，回收發行的紙幣來確保一定的數量，藉此維持紙幣的價值。

而在銅錢方面，明朝政府也重新鑄造過去流通的錢幣並重新發行。然而我們不難推測，銅錢也僅止於輔助作用，發行的額度十分有限。明朝的銅錢在日本也以「永樂錢」為名而廣為人知。不過這些錢幣被鑄造的理由並非要在市面上流通，筆者認為作為政權象徵的意義更大。如果以日本的例子來說，大概可以勉強比擬為日本古代的「富本錢」或「和同開珎」吧。

這種對於貨幣經濟的否定態度，和明朝採行「朝貢一元體制」而阻斷和外界的交通往來，兩者之間息息相關。和其他國家進行交易時，當然必須使用互相承認的通貨，亦即所謂的外幣。這個道理放在今天來看也是如此。假設日本要以美金購買商品，就需要賣出日圓換取美金。這在現代的金融世界是四海皆準。西元十四至十五世紀的世界，既沒有共通的外幣，也不存在外幣的匯率計算，能夠擔當貿易媒介為貴金屬，其中又以金銀為首選。

假使如此，站在明朝的立場思考，為了要徹底執行鎖國主義，只要不以貴金屬為媒介進行交易，即可收到成效。如果貴金屬在市面上流通，民間便很容易與海外進行貿易。由於大明寶鈔無法和貴金屬相互兌換，不管國內如何流通，外界也無法使用，商業貿易自然就無法成立，因此不會造成問題。換句話說，貨幣完全是基於政治企圖而發行，以今天的角度來看，簡直是難以想像的政策，也成為了當時如此強硬推行的明朝的特色。

打壓江南以平衡南北發展的差異

在這裡，明朝還有另一項至關緊要的目的，那便是消除南北的發展差異。過去在蒙古帝國時代，負責經營中國的忽必烈採取了不同的方式來治理華北和江南。獲得青睞的江南因而成為經濟成長的源泉。以結果來看，江南的商業蓬勃發展，人口也急速增加。不管進入明代以後的經濟如何蕭條，或是只能使用金銀進行商業交易，筆者推測江南應該仍保持一定規模的運作。

但是華北相較之下卻十分貧窮。歷經氣候寒化、戰亂破壞，也有許多遊牧民族留在此地，以物易物的經濟形式占了更高的比例，自然導致這樣的結果。

明朝的經營目標，本來就是打算把統治疆域整合為純粹的「中華」，所以消除南北發展的不均也是勢在必行。姑且不論南北的文化和習俗相差甚遠，至少在經濟財政方面，必須盡力達成一致。

因此，難題便在於南方和北方，誰要擔任配合對方的角色。以常識判斷，應致力經營華北，提升到與江南相符的水準，這樣全國上下都能雨露均霑。

然而，明朝卻缺乏提升華北經濟水平的能力，因此只好採取完全相反的做法，壓制江南的發展，使其貧窮化來配合華北的水準。

而且為了達到這個目標，明朝採取了非常激烈的手段，將種種莫須有的罪名強加在江南的地主和官僚身上，並以連坐制為由屠盡上萬人口。

在明太祖統治的時代，發生過無數次的冤獄事件。觀其目的，大多是為了排除威脅自身權力的功臣而痛下殺手。例如在胡惟庸案，身為宰相的胡惟庸被安上專橫叛逆的罪名而遭到誅殺。自此以後，中國朝廷不再設立宰相之位，皇帝手上的權力因而擴大。

的確我們不能否認，這背後具有權力鬥爭的目的。話雖如此，筆者還是覺得不需要殺盡親族或相關人士，也不必要一而再、再而三發起大規模的冤獄或屠殺。因此，這一切的作為還是別有目的，應當視為明朝政府為了徹底打壓南方的權力階級所採行的作為。

而且先前提過，海上交通管道已經因為海禁遭到阻斷，導致商業貿易變得困難，江南經濟受到打擊。明朝的目標，便是希望江南退化到和華北相仿，以物易物的經濟模式。

靖難之變

其實朱元璋自己是出身南方，明朝也將首都設在南京。然而政策面卻是徹底打壓、甚至瓦解江南的經濟。也就是說，朱元璋是站在華北的立場，思考如何統治江南。學界一般認為，明朝雖然是「南人政權」，卻企圖立基於北方來建立統治。在這個大前提之下，皇太子卻於朱元璋在位時提前離世，因此最終並未達成這個目標。但他希望把首都從南京遷往華北的盤算昭然若揭。

殊不知偶然實現這個目標的人，正是朱元璋的四子朱棣。第二代皇帝建文帝，是早夭的皇太子的兒子，也就是朱元璋的嫡孫。然而他卻反對祖父至今的方針，認為應該以江南作為據點，擘劃政權方策。朱元璋的兒子們當時大多駐守在北方，防備蒙古來襲。對建文帝來說，叔父們是必須剷除的對象，其中能力最強、勢力最大的朱棣，更是主要目標。朱棣察覺處境日益危險，一怒之下就舉兵擊敗建文帝，自己登上帝位。他可能是明朝史上最著名的皇帝——「明成祖」，而這場篡位的內亂，史稱「靖難之變」。

朱棣過去將據點設立在蒙古帝國和元朝的首都大都。原先時代遞嬗到了明朝，這個地方在蒙古撤退之後，被賦予了帶有「平定北方」意義的「北平」這個名稱。在朱棣登基為明成祖之後也未曾改變主意，反而把首都移至此地，改稱「北京」。

明成祖挪用了忽必烈建設的大都並加以改建，打造了北京。現今北京城的原型，大約就是這個時候完成的。不過，他並沒有破壞南京。畢竟是父親明太祖建設的都城，為了表示對父親的敬意，明成祖保留了南京城的規模。所以當時的中國同時存在北京和南京兩個都城。

將首都從南京遷至北京

從此以後，中國的首都始終設在北京，只有蔣介石建立南京國民政府的時期例外。由於蔣介石不承認北京的首都地位，當時北京又恢復過去「北平」之名。

另一方面，清朝以後「南京」這個名稱也跟著消失。畢竟王朝更迭，清朝對明太祖沒有任何道義上的責任，因此將「南京」改稱為「江寧」。這是自古以來的地名，象徵「祈求江南安寧」。清朝自北方而來，是一個統治江南的新政權，這個地名無疑更符合需求。

甚至在日本歷史教科書上，清朝在鴉片戰爭敗給英國之後，兩國簽訂的條約一般稱之為《南京條約》。此條約名稱其實是根據英文文書而來，如果查看中文原文的史料，實則記載為《江寧條約》。只是從那個時候開始，「南京」已是一個膾炙人口的地名。

北京和北平，南京和江寧。乍看之下，或許只不過是單純的地名問題。實際上，背後卻牽涉著南北孰為中心，該如何統治中國等重大的問題。

此處且讓筆者閒聊幾句，我們從中可以看出，中國習慣將首都賦予「京」的名稱。若以這種感覺或觀點來做評斷，日本的「東京」較為符合語感，「京都」則頗為牽強。不過在現代中國，「北京」和「南京」的地名也同時存在，這種語感到了現代依舊沒有出現太大變化吧。

回歸正題，明成祖承襲明太祖的路線，持續打壓江南的地主階級。這些人可以說是前代皇帝建文帝的同路人，這種做法或許也帶有報復性的意味。

同時，遷都北京也是一項艱鉅的任務。為了達成目標，政府大量吸取江南的財富，將之轉用到建設並維持新首都的運作。因為從明太祖選定的後繼者手中奪取皇位，明成祖感到內疚而以繼承明太祖的政策為目標，並且強而有力去推行。

明成祖實行的政策之一，便是從江南大量運輸物資到北京。為此他重新修建大運河，也大量動員先前談到從事徭役的人員。我們不難想像當時被動員的百姓面對何等艱難的苦役。而明成祖此舉最終也威脅到了明朝的財政。

南北關係與鄭和遠征

更有甚者，在官員選任上面，江南出身者也遭到明顯的差別待遇和冷落。原本江南地區的富裕階層就比較多，也可以提供子弟念書進取的環境。只要舉行任用官員的科舉考試，幾乎都是江南人金榜題名。明朝正亟欲統合南北，打算從北方進行統治，這種結果當然非政府所樂見。於是，江南出身者的合格人數、官員任命員額遭到限制，而國家的官僚組織則盡量只採納北方出身者。

面對如斯處境，江南的百姓不可能心悅誠服。自此以後，他們始終對北京的中央政府或官員抱著反感，並採取堅決反抗的態度。這種矛盾甚至深刻地影響了近現代中國的國家結構。

而提到明成祖的另一項事業，便是命令宦官鄭和進行有名的「下西洋」。鄭和的艦隊總共有過七次的出航，曾穿越印度洋直達中東和非洲大陸。

鄭和下西洋的目的，在於催促他國前來朝貢。明朝政府潛藏在心裡的企圖，是希望眾多國家遠從海外前來向自己表達敬意，藉此大肆宣揚明朝的國威。然而對周邊國家而言，缺乏利益的誘惑，就沒有千里迢迢前往中國的必要。特別是明朝採行鎖國政策，又禁止民間船隻出入和商業貿易，這種種皆加劇了負面觀感。所以明朝政府只好自己派船，進行所謂的「出門招商」。

另外，關於造船和航海技術方面，明朝幾乎是全部仰賴蒙古帝國時代的遺產。當時，穆斯林的勢力和技術尚未完全消失，鄭和本人也是穆斯林後裔。元朝也投注大量心力支持海上航行的發展。因此明朝的遠征計畫，充其量只是活用了前朝遺留的基礎，並沒有進一步提升明朝獨特的技術。

江南三角洲成為棉花與生絲的重要產地

另外，明朝原本規劃以實物主義為主軸的財政經濟系統，也開始如骨牌效應般出現破綻。最大的關鍵，如同圖表6-5所示，位於長江下游一帶，以蘇州、松江為中心的「江南三角洲」出現了嶄新的變化。

上述所言地區，就在今日的上海市周邊。此處因為工商業發達，成為中國經濟的心臟地帶，不過這番繁榮勝景的建立，正是從這個時期開始的。原先此處位於濕潤地區，加上就在河口附近，所有土地皆是低窪濕地，人口稀少。經過唐宋變革時期的開發，逐漸成為中國數一數二的稻米產地。正如「蘇湖熟、天下足」這句先前介紹過的俗諺一般，是最豐饒的穀倉地帶。

不過，從某個時期開始，江南三角洲的土壤因為地殼變動的影響，導致排水速度太快，反而不利於稻作生長。在當時松江府，約莫等同於現在的上海市一帶，便改為種植從印度引進的棉花。而棉花正好是約莫在蒙古帝國時代傳來中國的作物。

在棉花傳入以前，中國的纖維除了麻這類比較粗糙的種類以外，基本上就只剩下生絲（絹），也是所謂的蠶絲。漢字寫為「絲」，現在的日文簡寫為「糸」。這一個字就能用來指稱生絲。另外，抽完生絲後的蠶繭則被收集起來做成絲綿，漢字寫為「綿」。因為是從蠶繭而來的纖維，部首是「糸」部。另一方面，如果是從棉花而來的木棉，日文寫成「綿」，中國的漢字卻寫作「棉」，因為這種纖維來自植物，所以改為「木」字旁。

圖表6-5　江南三角洲

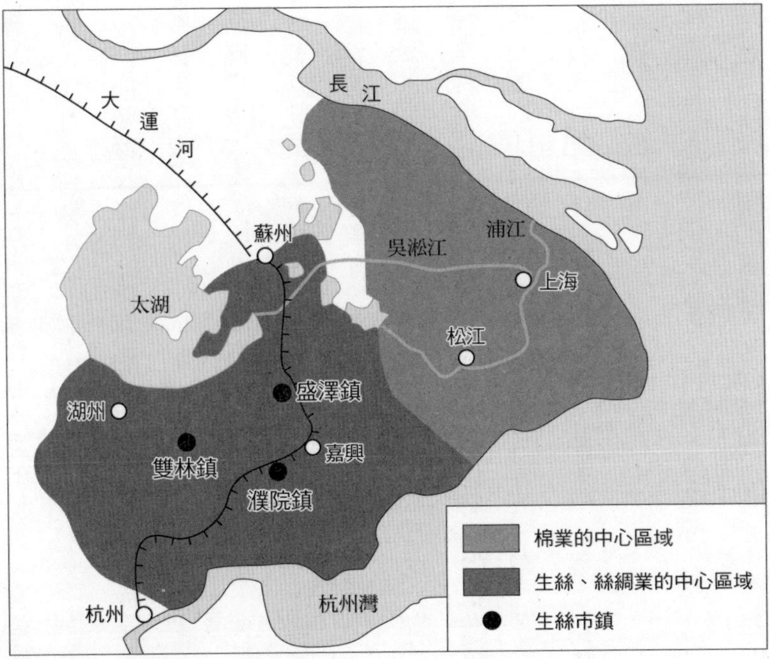

出處：據岸本（1998）為基礎製圖。

總之，比江南三角洲更為內陸一點的地方，有一座名為「太湖」的湖泊。這附近也因為地質變化，土壤變得乾燥，不適合稻米生長，因此集中種植桑樹，反而成為優良生絲的重要產地。過去北方的長安才是生絲的主要產地，後來完全被太湖取而代之。

從此以後，太湖以南的城市「湖州」所生產、交易的生絲稱為「湖絲」，是中國最高級的名牌貨。在日本則稱為「白絲」，人氣極高。為了購入白絲，日本國內所有的金銀幾乎全部都流向中國。

雖是閒談，不過當時從江南輸入日本的產品，並不僅限於生絲，也包括茶和木棉。換言之，當時的日本完全沒有這類商品的生產技術。

然而進入江戶時代以後，金銀礦藏皆被挖盡，無法繼續購買包括生絲在內的中國物產。加上江戶幕府也採行「鎖國」政策，只好開始在本國生產過去只能從中國輸入的產品。

例如茶葉，雖然很早便傳入日本，也進行栽種，但流傳至今的抹茶和煎茶製作方法，以及栽種的普及化，卻是從這時候才開始的。其中最著名的人物，便是明末的僧侶隱元。他從中國渡海前往日本，並在京都宇治創設萬福寺。隱元將煎茶的製作方法和技術帶到日本，宇治茶從此成為一個品牌。在這之後，礙於只有宇治一地的話種植範圍狹小，茶葉遂傳到駿河（靜岡縣）等地區。

另外，例如從僧侶之名而來的隱元豆（菜豆）、西瓜、蓮藕等物，據傳也是在此時傳入日本。日本的風土似乎十分適合原產自中國的農作物。順帶一提，宇治的黃檗宗萬福寺是一間中國風格建築的寺院。時至今日，在教育等方面依舊採取中文教學，因此頗為知名。

京都作為觀光古都以外，也以紡織和染織聞名，這些也是從那個時候開始發展出來的技藝。我們時常認為這是日本自古流傳的傳統工藝，殊不知回溯歷史之後會發現，其實沒有想像中的古老。

「湖廣熟、天下足」

將話題拉回江南。當然，不管是生絲、還是木棉，都不只是單純的養蠶或種植棉花，等著收成就能收工。得經過數道工法才能製成販售的成品，也得仰賴賣家將之轉交到使用者手上。也就是說，必須有一連串相關聯的技術和產業，以及人員的投入。於是這一帶同時邁向工業化和商業化，而從事相關產業的勞動者也迅速增加。

既然水田和稻作同時減少，人口卻逐漸增加，糧食不足的窘境可想而知。自然便開始轉向開發新的稻作生產地。這片新開墾的土地，正是長江流域更上游的湖廣地區（請參照圖表6-6）。湖廣地區經過開墾，確保了水田數量，不久就成了知名的糧倉地帶。這裡的米糧專門供給江南。同時，因為湖廣地區持續開發而讓當地人口增加，進一步劃分為湖北省和湖南省。

換言之，地域之間各自分工合作的體系自然而然地形成。江南負責生產纖維製品，上游地區專門種稻，而北京則專注於整備政治和軍隊，也有著許多消費階層。江南製造的產品運往其他各地，湖廣的稻米運往江南，江南的物資則流向北京。當然，這之間就帶動大量的人流和物流。

因為這番緣故，當時便流傳「湖廣熟、天下足」這句諺語。過去唐宋變革

圖表6-6　地域分業圖①（「湖廣熟、天下足」）

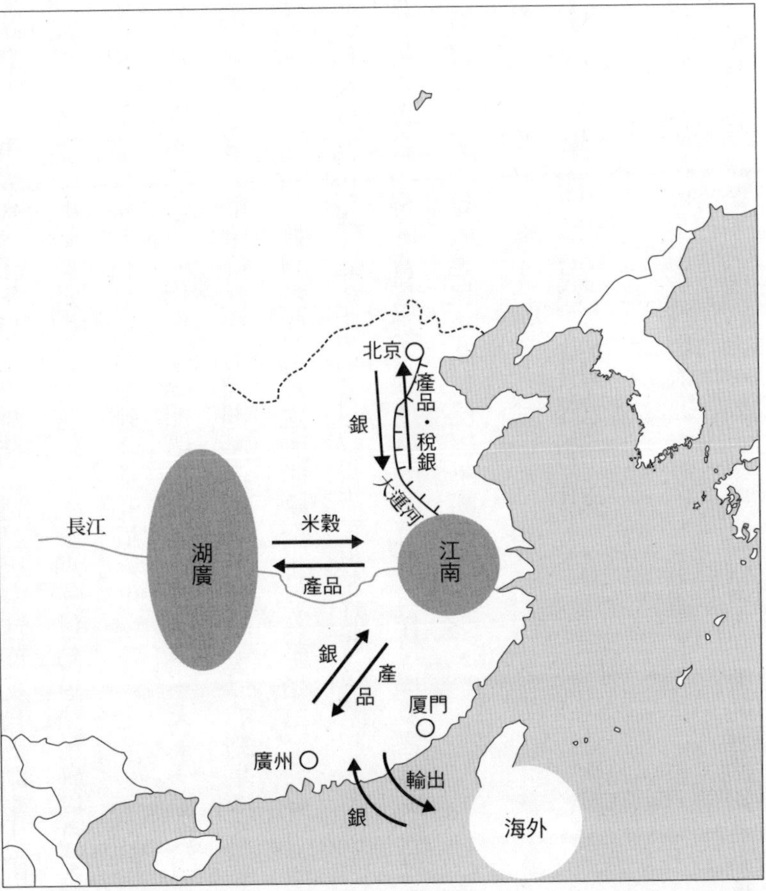

出處：引用自岡本（2013）。

之際，曾有「蘇湖熟、天下足」的說法。這是因為江南三角洲開墾水田，成為足以支撐「天下」的穀倉地帶。換言之，「蘇湖」這句諺語精確描寫了實際的景況，但「湖廣」這句俗諺的意思卻不太相同。

只憑「湖廣」生產的稻作，恐怕已不足以成為支撐「天下」糧食的穀倉。湖廣的產能最多只能供應江南三角洲。江南三角洲之所以能夠生產各式各樣的物產和產品，之後又將這些物產運送到中國全土，甚至是遠至海外，是因為有湖廣的稻米作為後援。「湖廣熟、天下足」這句話背後的涵義，已不再只是形容單純的穀倉，它的背景是不同地域間的分業合作，以及物產的相互流通。和「蘇湖熟、天下足」相比，時代已經不同了。

非正式貨幣的「銀」開始流通

即便如此，市面上沒有錢幣流通，實在太不方便了。

明朝發行的紙幣「大明寶鈔」幾乎和廢紙無異。江南的百姓甚至不承認其價值而拒絕使用。

但是明朝政府卻沒有打算提出任何解決方案。中國以儒教立國，太祖朱元璋所訂下的祖法就是絕對的權威。因此要改變過去以實物主義為骨幹設計的財政經濟系統，並不是一件易事。

不過繼續這樣下去，民間的經濟運作首先會遭遇難關。因此，民間著手自行研發貨幣的替代品。在市場上並非只有政府鑄造發行的銅錢流通，也出現宋代以前的古錢，或是將自家的銅製餐具等物品重新熔鑄製成的私鑄錢幣。日本將這些錢幣稱為「鐚錢」，這些鐚錢取代了平常的貨幣，開始在市面上流通。

簡單來說，這類私鑄錢幣就是同夥之間互相協議，約定大致的公定價格。因為談好的價值只在同夥間有效，對不知情的人來說，這些私鑄錢幣只是單純的偽幣。關鍵在於，私鑄錢幣只能在一定的範圍內流通。它就跟商店街所發行的商品券相同，類似於地區性的通貨。而且畢竟是銅錢，價值很低，所以通用的範圍僅限於某個區域的小規模交易。換言之，如果想和距離相隔十分遙遠，又不明底細的對象談一筆大生意，那麼私鑄錢幣絕對派不上用場。這種情況下，到底什麼才能成為貨幣的替代品呢，那便是雙方皆共同承認價值的貴金屬吧。因此「金」，或者是蒙古帝國時代流通的「銀」，就成了在市面上流通的貨幣。

代表人民從事的勞動服務義務的徭役也反映了上述出現的變化。徭役既然具備「派遣去某地當差」的意思，也可以稱為「差」，而提供勞動力的情況便被稱為「力差」。

然而，回顧當時的紀錄，從某個時期開始，這種力差的情況略有減少，反倒是「銀差」這個詞彙出現的次數逐漸增加。也就是說，藉由繳交銀子來取代提供實際的勞力。所以從納稅的角度來看，也出現了新的詞彙：「折色」。此處的「折」，是換算的意思，和「本色」是相對的詞彙。至於「色」，和「色目人」一樣，指的都是種類。而「本」是本來、原本的意思。這整句話的意義，表示過去是繳交實際作物，現在則是換算價值之後，再用銀子來支付。

隨著這個變化的出現，過去官員領取稻米作為薪資，但最終也改為直接支付銀子。西元一四三〇年代，明成祖統治的時代劃下句點後，官員們迫不及待地要求改變薪資支付的做法，而明朝政府即便再頑固，也無法阻擋這項提議。實物主義為主的財政經濟，至此也出現了無法挽回的破綻。

對明朝政府來說，這並非代表他們改變了祖法的原理原則。當然，他們也不承認在市面上流通的銀子是官方的通貨。既然社會已經出現新的景況，政府只是搭上民間的便車，用脫胎換骨大法包裝原有的制度。如此一來，雖然明朝政府試著維護過去的理念和原則，繼續管理全體社會，然而進入西元十六至十七世紀後，原理原則和實際情形漸行漸遠，矛盾愈趨激烈。

世界上的銀流向中國

土地開發和工商業的急速進展，以及貨幣經濟化，都導致了同一個問題：通貨不足。一旦經濟開始發展，諸如工業化、開拓新天地、生產力的提升、商業流通的擴大等等，貨幣的需求也隨之著增加。只靠國內流通的貨幣，已經完全無法應付蓬勃熱絡的環境。

正如前一章曾經說明過的，蒙古帝國時代的政府提出新政策，以鹽取代銀，用鹽為基礎維繫信用價值，發行紙幣。但是明朝政府推崇實物主義，一點也不打算提出任何通貨政策。

民間沒有穩定的貨幣流通，當然一籌莫展。那麼，究竟該如何解決這個問題呢？答案便是「銀」的輸入。這段時期，正好與世界史上的大航海時代重疊。不管是在史上第一次「被發現」的「新大陸」，還是時逢戰國時代的日本列島，皆在同一個時期挖掘出大量銀礦。這恐怕不是偶然的歷史事件，而是因為中國對銀的龐大需求，世界各地開始逐步開發銀山，交易也跟著熱絡起來。

那個時候，凡是屬於古老文明地區的金銀礦早已被開採殆盡。仍有礦脈可開採之處，大多是人類歷史發展較短的地區，例如歐洲和美洲大陸的部分區域，以及日本列島等地。圖表6-7呈現了當時銀的流通路線，可以清楚看出銀礦全部流向中國。

作為等價交換，中國則向外輸出絲綢和木棉等商品。江南三角洲生產的這些物產，令全世界垂涎不已。

圖表6-7　西元1600年左右的銀流通

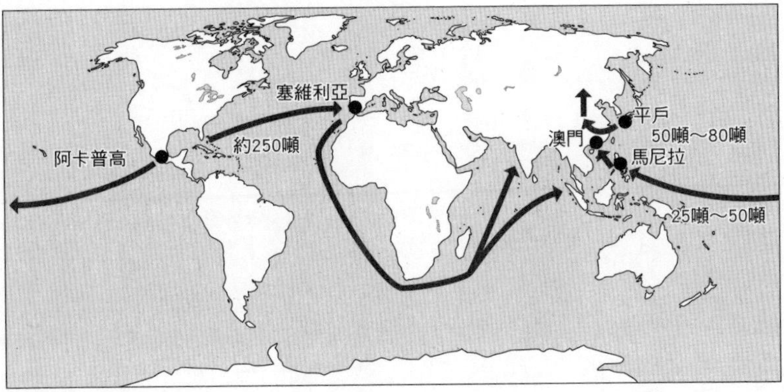

在這個時間點，事實上明朝成立之初建立的制度已然瓦解。儘管表面上貿易禁令依舊存在，不過貿易活動已經普遍進行。

走私貿易業者是最主要的推手。為了不引來當局注意，他們成立眾多據點，與外國的貿易業者進行交易。這些地方聚集眾多華人與外國商人，形成了近似於殖民地的型態，也連帶促進都市發展。例如澳門或廈門等地，今日依舊能得見當時的風情。另外，許多日本商人也頻繁出入該地，這些人便是所謂的「倭寇」。

熱絡程度更甚朝貢的民間經濟活動

順帶一提，從室町幕府的足利義滿執政時代開始，日本便遵從「朝貢一元體制」，對明朝的明成祖行朝貢之禮。不過，目的依舊在於和明朝取得貿易的許可，因此又稱為「勘合貿易」。[7]然而，不久之後，江南的經濟起飛，民間貿易趨於熱絡，附隨朝貢所能獲得的交易量相形見絀，反被民間貿易遠遠超過。故勘合貿易也漸漸無法繼續維持下去。與此同時，日本經濟卻反而出現高度成長。

彼時的日本，進入戰國群雄割據的年代。地方各自為政，自行開礦採集金銀，並且開發農地。同時，社會上亦出現「下剋上」的變革。以上種種皆是經濟成長的主因，但也不只這些理由。遠隔東海的大洋彼端，中國江南和日本同時發生經濟成長，而且兩者之間相互關連。

不過，對明朝政府而言，這些「倭寇」，也就是走私貿易業者，是非常棘手的一群傢伙。就算依照法律加以取締，反而會激起倭寇們的抵抗，導致治安惡化。不如睜一隻眼閉一隻眼，採取放任政策，接受眼前的現狀。換句話說，明朝的體系其實已經完全不合乎時代需求。

大致上來說，不管政府同意與否，私鑄錢幣或是銀子，紛紛成為在市面上流通的貨幣。這種狀態本身就是民間經濟社會表達對明朝政府的不信任。伴隨大航海時代的風氣，民間的社會經濟呈現一片活絡景象，足見明朝政府及其法令有多綁手綁腳，這種官民之間的分歧也愈見顯著。

在當今的中國人身上，我們也不難觀察到他們無視國家權力和法律，逕自求生的態度。這種態度的原型，或許可以說是從這個時代開始形成吧。

7　譯註：室町時代的日本與明朝間實行的貿易商業活動。為了和朝貢貿易、倭寇間的黑市交易有所區別，遣明使的船隊需使用「勘合符」作為身分識別，故稱「勘合貿易」。

鎖國體制走向實際上的崩毀

影響當時局勢最具決定性的事件，是發生在西元十六世紀的「北虜南倭」。如同文字所述，這是一場由北虜與南倭發起的暴動。北虜指的是北方的遊牧民族，南倭則是來自南方的倭寇。這兩者皆為威脅明朝政府的外患。

首先來談「南倭」。自浙江省到廣東省，沿海地區發生了倭寇暴動事件。原先明朝的官吏開始針對走私貿易商進行鎮壓，不過進展不如預期，態勢愈來愈無法收拾。歷史上又將這次事件稱之為「嘉靖大倭寇」。而身為「北虜」的蒙古人，幾乎在同一個時期越過長城入侵，包圍了首都北京。他們的目的也是為了貿易，最主要是希望能獲得中國的茶葉。

遊牧民族的飲食生活，以乳酪和肉品等動物性的食品為中心，即便他們想種植蔬果也不可得。一旦長期缺乏維生素，對身體一定有負面影響。因此，蒙古希望至少能以茶葉補充植物性的營養，才提出願意提供馬匹作為交換的條件，便是所謂的「茶馬貿易」。

最一開始，蒙古願意以誠懇的態度進行交涉，但高舉鎖國旗幟的明朝斷然拒絕。這是因為明朝正針對海陸兩地，擴大取締走私貿易的強度和力道，此舉逼得蒙古不得不發起軍事行動。那時候的蒙古和蒙古帝國時代的風氣已大不相同。轉型成為佛教國家的蒙古，根據佛教教義禁止殺生，並非如同過去一般好戰。然而他們卻越過長城並包圍北京，可見怒火已難以遏止。

於是，無論是「北虜」還是「南倭」，明朝政府都無法對付。最終明朝政府與蒙古議和，雙方談妥在內蒙古一帶進行交易。另外和日本之間的貿易，也允許中國人可以從廈門出海。不過，以上充其量只是例外。到了這種地步，明朝政府表面上依舊堅持鎖國的基本方針。

原則和現實之間難以平衡的矛盾，終於導致治安惡化。特別是與其他民族相鄰的的邊界地區，情況更加嚴重。另外，和澳門與廈門等地相同性質的殖民地數量增加。其中一處，便是位於東北端的遼東地區。

這是一塊經過開墾的農耕區域，漢人也是進入此殖民地進行拓墾的成員。這個地方現在也是東三省的中心地帶，不過周圍仍是森林為主的狩獵地區。狩獵與農耕區域之間雖然沒有像萬里長城那樣壯觀的圍牆，但也利用土牆或是柵欄，區分雙方領地的界線。這裡的居民大致上分為兩類，一為漢人，另一方則是屬於通古斯系女真族的狩獵民族。後者向前者供給貂皮等毛皮和朝鮮人參（高麗人參）等，雙方保持貿易關係。故此處應該可以視為「北虜南倭」架構下的殖民地。

一般而言，這類殖民地之所以存在，最大且唯一的原因便是擁有商業場所。換句話說，即便以武力抵抗官方鎮壓，形成獨立政治體的機率也相對較低。然而，遼東地區卻獨樹一格。女真族團結一致，漸漸發展出政治實力。這個族群日後建立了清朝政權。其具體史實，留待下一章再行說明。

民間的主導地位和庶民文化

如上所述，經濟和貿易的局面出現如此變化，可見在明朝一代，民間的力量逐步提升。這點和世界的動向也有深刻的連繫。與世界的同步發展固然重要，我們也不能忽視另一項關鍵，亦即這些變化都和政治權力反其道而行。以上這些原因，在在都將成為撼動此後中國動向的要素。

到目前為止，筆者幾乎沒有談到明朝的政治史，此後也不打算談論這個主題。和民間及經濟漸行漸遠的政治，僅僅是單純的派系對抗和權力鬥爭，說穿了不過是茶壺裡的風暴。對本人或當事者而言，或許是要緊的大事，但在周遭的眼中卻不痛不癢，因此筆者認為沒有必要多談。

歷代皇帝之中，除了太祖朱元璋和明成祖以外，其他人也沒有記住的必要。同樣地，政治家和官員也沒有值得一提的人物。筆者認為提到明代史，應當以民間的動向為主軸。

暫且省略政治方面的討論，經濟的活性化則給社會和文化帶來了不少影響。這裡應當稍微介紹一下這個現象。

首先，便先來說明文化的通俗化。關於這點也毫無例外，和政治權力之間的鴻溝也起了相當大的作用。

第一點，配合民間興盛的出版業，書籍也愈來愈多樣化。內容較艱深的種類，像是科舉的應考參考書之中，便出版了大量針對經書和史書的解說書，或是簡要節錄版。若要平易近人，則像白話小說，也就是口語的故事書，是從眾人皆能輕鬆享受樂趣的「說話」發展而來。

提到小說，對現代人的我們而言，再稀鬆平常不過。然而在東亞，小說的正式發展卻是由此而始。中國古典文學當中為人熟知的《水滸傳》或《三國演義》等，都是這個時期的作品。這些中國的白話小說，也對日本的近世文學造成極大影響，其重要性並非只局限在中國。

另外，也出現許多普遍而實用的書籍。應考用書或許也能算在此類，不過更具實務性質的《農政全書》和《天工開物》等名氣更大。這些書籍也和當時世界接軌，能看到來自西方的影響。

陽明學的定位

陽明學的出現，反映了民間實力的擴展和庶民文化的蓬勃興盛。此為王陽明所創立的儒教學派。王陽明本名王守仁，是當代最有才能的官員，也是明朝屈指可數，留下赫赫功績的官僚。不過我們應看重他作為思想家的一面。

明代以後，中國的教學體制奉朱子學為尊。凡是文人子弟，人人都得學習朱子學，接受科舉考試，一路晉升任官，這是一條公認的出人頭地路線。更有甚者，朱子學是一套屬於精英、由精英設計，並為了教育精英而制定的學問。在這個時代，不免給人一種和社會脫節的違和感。而陽明學就是因應這種風潮出現的產物。

陽明學的出發點，是對經書的文獻考證和解釋，屬於非常哲學的討論。不過筆者並不了解這個領域，也沒有自信能妥善解釋困難的教義。要是斗膽嘗試，恐怕會蔓生枝節。

因此筆者單獨選出一項值得一談的特色，那便是陽明學完全站在朱子學的對立面，是一門不區分精英或庶民的學問。除了教義如此，建立在教義之上的學習方法也往這個理念靠攏，稱為「講學」。

陽明學的學習方法，並非把經典當作書籍或文章來精讀，而是舉辦以解說或討論為主的講論會。這個方法，和前述的說話及白話小說文學一脈相承。這種講學方式，對於無法直接閱讀文字的庶民來說，他們也終於有機會能接觸學問和教義。

這種做法無疑相當實用，筆者認為也與實用書廣泛出版的風潮，是相同時勢之下誕生的產物。特別是能為現實政治有所幫助的經世思想大為盛行，也是陽明學出現的緣由之一。

實際上，庶民的確相當親近陽明學，也不乏庶民出身的陽明學者。其中也曾經出現過一位名為李卓吾的思想家，提出否定過去儒教和孔子權威的激烈思想。島田虔次教授便曾評價這種趨勢是一種「近代思維」。的確，筆者也深表贊同。

鄉紳的出現

擺脫權力精英的束縛及規範，走向自由的庶民思想和文化的高峰，反映了民間經濟和地域社會力量的擴大。就算是地域社會，庶民的組成結構也不可能單一均質，必然存在競爭和階級差異。因為權力和制度兩者皆無從介入，可能反倒使這種對立更加嚴重。你來我往的爭鬥和妥協間誕生的新秩序，就更沒有官僚介入或參與的餘地了。

藉由科舉考試金榜題名，就能獲得精英的地位，即便沒有任官，也能擁有社會上的特權。這些精英被稱為「士紳」。

當時的庶民百姓，有些的確十分敬重這些士紳。但絕大多數的情況，卻是出自於精打細算而依附家鄉周邊的士紳，將個人和財產託予他們，沾沾特權的光芒，以求保障身家安全。

而這些士紳也有不少人刻意選擇不接受朝廷的任命，寧可留在地方鄉里生活。他們和政府權力及出人頭地的官場劃清界線，並保持距離。

這些在基層地域社會獲得庶民支持，勢力逐漸擴大的士紳，在學術上有一個專有名詞叫作「鄉紳」。明朝就是一個鄉紳極為活躍的時代。

大地主之類的人物未必只擁有經濟上的優勢。例如講學或是出版相關的文化活動，一般都還是以鄉紳為中心舉辦。一旦有機會參與政治活動，不一定只能影響地方政治，有些案例甚至進一步變成了中央黨派的鬥爭。另外，在「北虜南倭」等對外紛爭中也看到鄉紳的蹤影，他們在許多場合都有相當亮眼和活躍的表現。

漸行漸遠的官與民

如此一來，經過明朝的三百年，形成了十分特殊的政治與社會關係，成為了今日中國的基礎。

接下來，筆者打算談談從這個關係中衍生的幾個現象，並試著描繪其結構。首先，讓筆者介紹這個時代鼎鼎有名的大學者顧炎武的見解，作為開場白吧。在他相當著名的文章〈鄉亭之職〉中，有這麼一小段話。

小官多者，其世盛。大官多者，其世衰。

這段話非常簡短，筆者在此稍作解釋。所謂「小官」，正如文字形容一般，是身分較低的官員，可以想像成屬於地方基層，縣令以下的官員。這些官員與庶民和民間較為密切。相反地，「大官」則指高級官僚，擁有許多部屬，和庶民保持著一段距離。「大官」愈多，愈無法了解民間的動向和意見，世道自然慢慢衰敗。

這句話雖非直截了當的明示，也泛指一般普世的情況，不過指涉明朝政治現況的意圖非常明顯。顧炎武感嘆於當時官民疏離的現狀便有感而發。

顧炎武在這段話之前談到：「大官之上還有大官，即便糾舉不正，仍無法斷絕不正的根源。然而，對此現象卻毫無作為。沒有官員願意心向民間」。緊接著，他在下一段又說：「明初明太祖的時代，尚有許多跟地方較為密切的小官」，「但是進入十五至十六世紀之後，滿朝就只剩下大官了」。

如果我們照單全收顧炎武的說法，應該可以如此解讀他的意思：明朝初期，權力中樞尚能掌握民間社會，不過大航海時代後就前景不再。民間力量的增強，向政府和權力者明白說「不」，是其一。大官滿街跑而且遠離人民，是其二。這兩件事是平行發生的現象。

因為明朝的體制早已和經國治民的實務漸行漸遠，既然無法關照地方民間社會，手上握有權力的鄉紳們便趁隙登場一展身手。

從都市化的差異一窺官民疏離的現象

若要如實呈現上述情況，都市和聚落的數量是了解都市化狀況最好的參考。圖表6-8是根據美國學者羅茲曼（Gilbert Rozman）發表的研究成果加以修正之後製成的圖表。Ⅰ到Ⅶ依序表示不同等級中心都市的規模和機能。

Ⅰ為首都，Ⅱ為具備全國性機能的地方大都市，Ⅲ屬於地方性的中心都市，Ⅴ則是最小單位的行政都市。以上都屬於中央權力機關可以滲透的範圍。接著，以下的Ⅵ和Ⅶ，是人口未滿三千，十分純粹的民間或權力沒有介入的市場聚落。「表格」區的數字，分別代表中國在西元十二世紀（宋朝）、十七世紀（明朝末期）、十九世紀（清朝）的情況。並提供日本在十七世紀（江戶時

圖表6-8　中國與日本的中心區域比較

表格

階層	機能	人口（19C）
I	首都	1,000,000
II	全國性大都市	300,000以上
III	地方中心性的都市	30,000以上
IV	中位階行政中心地區	10,000以上
V	下位階行政中心地區	3,000以上
VI	中間市鎮	3,000未滿
VII	基層市鎮	3,000未滿

日中的中心地數

	中國			日本	
	12C	17C	19C	17C	19C
I	1	1	1	0	1
II	0	3	9	0	2
III	30	42	100	6	20
IV	60	90	200	25	60
V	400	600	700	100	250
VI	1,800	2,500	10,000	200	400
VII	2,000	12,000	24,000	500	1,000

圖解

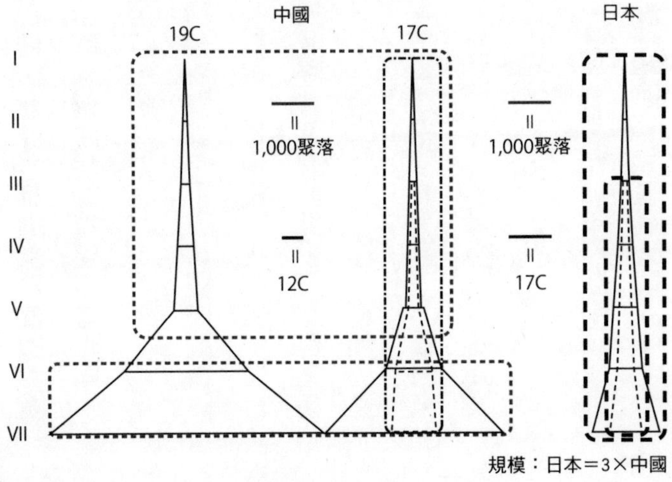

出處：據 Rozman（1973）為基礎製圖。

代初期）、十九世紀（江戶時代後半）的統計結果，是一張可以相互對照的一覽表。Ⅵ和Ⅶ愈多，代表行政觸角愈難接觸到民間，意味著權力無法滲透到基層。如此一來，自然很容易培養出反動分子。中國各個時代的規模不盡相同，即便是同一個時代的日本與中國之間，也存在著巨大的落差。

接著，為了對以上數據有更清楚的認識，請參考圖表6-7下方繪製成圖後的「圖解」。在圖中，我們能發現西元十九世紀的日本，是尖銳的火箭型。換言之，基層的純民間聚落數量，和行政中心的數量並沒有太大差異。因此官民互為一體，行政效率也能普遍推行到民間各地。

相較之下，中國在西元十二世紀時，和日本是較為相似的火箭型。舉例來說，我們能直接聯想到宋代著名的王安石新法，就是一套為了因應民間細微改變的改革政策。

不過，此後的中國，從西元十七世紀開始，就只有Ⅵ和Ⅶ不停膨脹，成為尾端擴張的形狀。如果將Ⅰ到Ⅴ視為官僚制和政府機構，這個區塊保持穩定，幾乎沒有太大變動，然而Ⅵ和Ⅶ這兩塊屬於民間的規模不停擴張，可見官民雙方的步調有多麼不協調。而且，進入十九世紀的清朝以後，這種現象持續發展，甚至變得更加明顯。總的來說，自明朝開始出現官民疏離的現象之後，便如滾雪球一般不斷進行下去，也成為往後中國社會的基調。可以說明朝以前和明朝以後的中國，彷彿是一個截然不同的國家。

第七章

清朝的地域分立與官民疏離

從明朝到清朝——清代的意義

過去，在研究東洋史的圈子裡，明朝歷史的「無趣」是一般公認的事實。既缺乏著名的皇帝，也沒有叱吒風雲的英雄人物，有著各式各樣的理由。或許是這個緣故吧，明朝的研究始終沒有取得什麼進展。

相對地，接在明朝後面的清朝卻很早開始就有學者著手研究。清代不僅名君輩出，也是個學問發達的時代。再者，西方列強也即將在舞台上登場。另外，也跟清朝的歷史包含與現代相連的「近代」有關吧。

不過近年來，正如筆者前一章交代過的，學界漸漸意識到明朝是一個非常重要的時代。當時所構築的一切政治環境、經濟、社會結構，無論好壞都成為今日的基礎。

若按上述想法來談，代表過去沐浴在鎂光燈下的清朝，勢必也得接受一定程度的重新檢視。最明顯的情況，就是透過圖表6-8的「圖解」所呈現的結論。比較西元十七世紀（明末）和十九世紀（清朝）之間的差異，雖然特徵形狀幾乎相同，後者卻有走向極端的趨勢。也就是說，若將觀察的範圍局限在中國，明代所塑造的結構到了清朝之後，在數量層面反而有飛躍性的成長。筆者認為，這可能就是清代所象徵的意義。

學界時常將這兩個朝代並稱為「明清時代」，也有不少學者直接將兩者視為連續的時代。不過，明朝和清朝畢竟是截然不同的王朝政權，並非屬於直接的連續關係。清楚分辨兩者之間的異同是相當重要的。

滿洲人建立了清朝

清朝的前身，是西元一六一六年滿洲人在遼東地區所建立的「金國」。滿洲語的「aisin」，是金的意思。因為在十二世紀的時候，已經出現過一個由同一種族建立的金朝，這個新的國家在中文裡被稱為「後金」。爾後在一六三六年，則重新定名為「大清國」。他們的目標是建立一個如同蒙古帝國般的政權。這點從「大清國」這個國號中也能得知，是模仿忽必烈「大元國」的命名方式。

這點是有跡可循的。儘管遊牧和狩獵兩者並不相同。但滿洲人和蒙古人相似，歐美人都將他們稱為「韃靼人」。而且最重要的一點，滿洲人認為自己就是成吉思汗的繼承者。

滿洲人的西側，住著一支繼承了成吉思汗的血脈，名為「察哈爾」的蒙古部族。滿洲人攻下該處之後，從對方手上獲得蒙古帝國代代傳承，被認為是正統政權證明的「傳國璽」。這讓滿洲人得到統治蒙古人的大義名分。於是滿洲人從原先的金國（後金）進一步拓展，建立了統轄蒙古人和漢人在內的「大清國」。如此一來，滿洲人的君王自然不可能在此停下腳步。因為在蒙古人的眼中，他就等同於蒙古帝國的大汗；而從漢人的角度來看，就是所謂的皇帝。

只不過，說到中文的「皇帝」，所指便是天子，是在「天下」，也就是世界上唯一的一人。既然明朝已經有一個皇帝了，無論是明還是清，一定覺得對方宛如芒刺在背，故雙方最終走向敵對，但當時兩國的國力有著壓倒性的差異。

當時，滿洲的人口預估只有五十萬人左右，而明朝的總人口則高達一億人。在生產力方面，兩國也無法相提並論。明朝擁有西洋製的大砲等最新型的武器。此前，清朝雖然多次入侵明朝，但都無功而返。

然而，不久之後的西元一六四四年，明朝因為內亂而走向滅亡。這年，清朝在混亂中突破了萬里長城最東端的要塞「山海關」。守衛山海關的軍隊，為了盡早弭平國內的亂局，決意引清兵進入。清朝也藉此壓制北京，朝著統治中國全土的目標邁進，這便是史稱的「入關」。此後的時代便是中國史架構中的「清代」。

屬於通古斯系的滿洲人原本被稱為女真（或女直），但是之後改稱「Manchu」。「Manchu」一詞，脫胎自文殊菩薩的「文殊」，原先並沒有相對應的漢字，只有單純的發音。因此「Manchu」在漢字中有許多不同的書寫方式。常見的「滿洲」一詞也只是其中一種對譯方式。從此以後「滿洲」的稱呼逐漸固定，但我們可以了解，這並非是音譯或專屬的對應詞彙，大概就是這個意思。

關鍵在於，無論是「滿」還是「洲」，部首都是三點水的「氵」字旁。清朝的前一個政權「明朝」讓人聯想到「火」。而唯一能克制火的便是「水」。據說這是清朝如此堅持要使用「氵」的緣故，而「清」也是出自相同的考量。

順帶一提，近代日本時常採用「滿州」這個寫法，事實上是錯誤的。考慮上述筆者說明的演變，可知正確的寫法為「滿洲」。至少日本在戰前仍然使用正確的書寫方式。

另外，一提到「滿洲（滿州）」這個名詞，給人似乎是地名的印象，但其本義就是民族的名稱。「Manchu」這支種族的出身地，也是他們居住的土地，因此歐美將此地稱之為「Manchuria」。無論是戰前或戰後，日本人常用的「滿洲」大多是指「Manchuria」，這也非完全正確的用法。

從「華夷殊別」走向「華夷一家」

和明朝高舉「華夷殊別」不同，清朝是一個多元民族融會而成的政權，所以方針也有了一百八十度的大轉變。

從以前開始，滿洲人便和明朝的漢人進行交易。他們販售毛皮、人參等特產給漢人，再購買農產品等。而在遼東半島附近也有漢人加入開墾。另外，滿洲人也和居住在更西邊的蒙古人有所交流。清朝的目標是維繫上述關係，建立一個包括滿洲人、漢人、蒙古人等三族在內的統一政權。

原本從事對外貿易的漢人，將這種情況稱為「華夷同體」。這個詞彙用來表現原先被隔絕在長城或海岸線之外這些「外夷」，雙方透過交易來達成一體化的型態。因為漢人和滿洲人之間也擁有相同的關係，清朝承繼這樣的概念，首先為了建立一個多元民族並存的政權，便提出「華夷一家」的口號。最終，也真的融合成為一個巨大的國度。

「華夷一家」的規模逐步擴大的過程，也是清朝「入關」以後的歷史。具體而言，最初在康熙皇帝的時代（西元一六六二至一七二二年），納入了過去明朝統治的中國全境，蒙古和西藏也臣服在清朝的統治之下。這是因為當時的蒙古人信仰藏傳佛教，清朝出於考量，認為如果不拿下西藏這個藏傳佛教的根據地，很可能無法維持蒙古的穩定。

更有甚者，和蒙古之間的密切關係，讓清朝取得中亞東半部的東突厥斯坦。這個區域在蒙古統治之前，曾有信仰佛教的回紇人生活，到了這個時期已經是穆斯林的居住地，幾乎都接受蒙古遊牧國家的統治。這部分領土也劃入清朝版圖，全體的疆域至此逐漸固定。是故康熙一朝可以稱之為是清朝建設和擴張版圖的時代。

總之，清朝是一個領土極為遼闊，又擁抱多元族群的政權。滿洲人、漢人、蒙古人和藏人，再加上穆斯林。這幾個不同的民族都接受清朝皇帝的統治。

「因俗而治」的清朝

那麼，清朝該如何治理這個組成複雜的國家呢？圖表7-1是一般日本教科書使用的地圖，關於此圖經常如此說明：滿洲人和漢人生活的區域，屬於「直轄領地」；蒙古人、藏人、穆斯林等區域則屬於「間接統治」的「藩部」；而位

圖表7-1　清朝的「因俗而治」

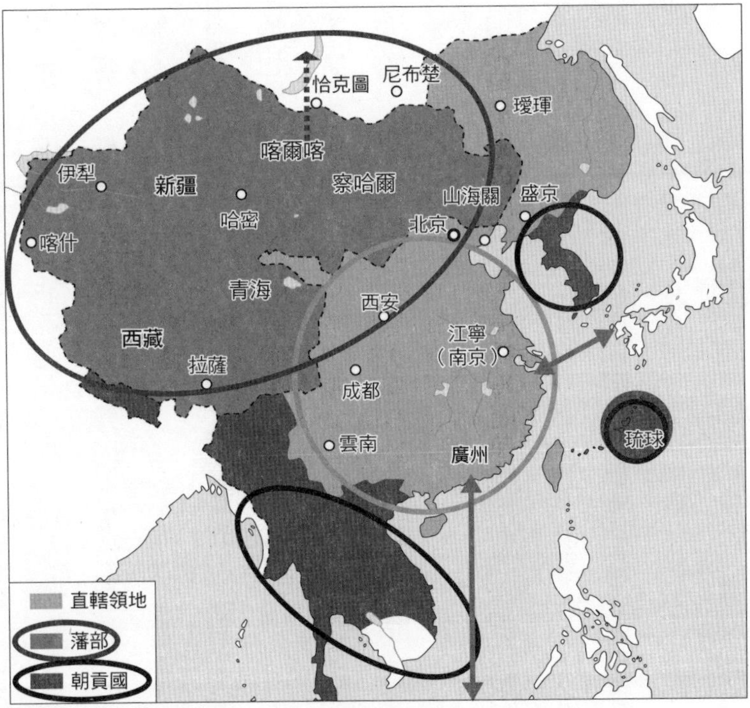

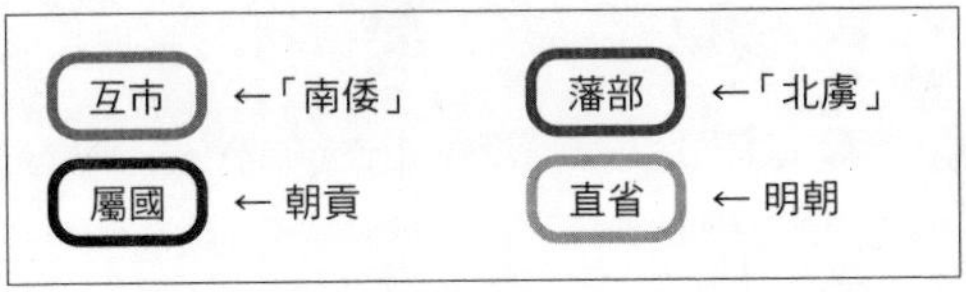

在周邊地區的友好國家，則視為朝貢國。清朝將國土劃分成三類進行統治。

不過，這樣的分類可能不盡然正確。就筆者所知，清朝並沒有區分出「直轄領地」和「間接統治」，至少不曾出現過這種想法。因此筆者試著自行在地圖上加上圓圈和箭頭標示。

首先，所謂的「藩部」，等同於明朝時的「北虜」。例如蒙古，原有的下級組織和社會結構全數保持原樣。雖然頂端的領導者改由清朝的皇帝繼承大汗的位置，但對於各個不同部族的酋長來說，幾乎沒有什麼改變。北京雖派遣類似監察人員的官僚前往當地，但基本上對該地的統治不會出言干涉，只是單純地執行監視任務。

西藏的情形也大同小異。包括治理西藏的領導者達賴喇嘛，以及其他眾多僧侶的地位仍然維持不變。另外，因為藏傳佛教的領導人也負責處理政事，故政教合一的體系並未受到變動。清朝也積極地擔任藏傳佛教的庇護者，因此現在在北京的雍和宮等地，依舊能見到許多藏傳佛教的寺院。

另一方面，屬於「直轄領地」的中國境內，實際上也沒有太大的變化。只是統治者從明朝的皇帝換成了清朝的皇帝，官僚組織大致上直接承襲明朝的結構。當然，出身滿洲的官員數量有所增加。但變化的程度大概就是這樣而已。

若依照這個說法，則清朝政權對蒙古和西藏的管理方法完全相同，並沒有直轄或是間接之分。至於中國本地，北京有皇帝坐鎮，官僚制度健全完備，的確給人「直轄」統治的感覺。不過，其實只是清朝接收了當地一直以來的統治方法而已。

中文裡頭，有些說法將這種統治方法稱為「因俗而治」。也就是說，推崇「華夷一家」的清朝內部，有漢人、滿洲人、蒙古人、藏人、穆斯林等五大種族彼此共存，因此選擇直接活用（＝「因」）各地原有的體制（＝「俗」）來推行統治。不過，最頂端的統治者，只有清朝皇帝一人君臨天下。如此一來，清朝就能將全體民族融為一體，避免彼此之間發生衝突。

當然，屬於被統治者的漢人和蒙古人，生活並非全然沒有改變。制度上不僅出現較為明顯的改組，原有的社會也一定會受到影響。有不少研究強調明清不同之處，讓我們理解這些差異的重要性。

不過，若依當時的氛圍來看，如果撇除偏見，盡量保持客觀的態度予以評價，強調沒有太多變化的看法，恐怕才是正確的意見。從中國和漢人的例子來看，不僅明朝的官僚制度未受更動，清朝甚至不打算改變明代出現的官民疏離現象，筆者心想，恐怕也無能為力改變吧。政治組織、社會結構等皆維持原樣，清朝的基本方針是盡量以安穩便利的方式治理國家。以下筆者將介紹雍正皇帝著名的漢人統治法，這應當是個足以反映上述態度的典型案例。

只針對官僚機構的雍正皇帝改革

關於繼承康熙皇帝的雍正皇帝（在位期間為西元一七二三至一七三五年），宮崎市定教授曾寫過一本著名的評論作品《雍正帝》。他是一名以推行各種改革而知名的皇帝。不管是針對中央政府組織、地方人事異動或稅制合理化等等，留下了許多廣為人知的事蹟。他的最終目的大致上可以歸結為一點：為了消滅官僚及官場上的腐敗。

換個角度來看，筆者認為這正可以看出兩點現象。其一，官僚制度的腐化存在已久，這個弊病所造成的體制危機和制度疲勞，早在明朝滅亡之時，先前提到的顧炎武等人便曾多少指謫過這個問題。其二，對於治理廣大民間的直接政策，幾乎已經找不到任何著力點。換句話說，就是政府缺乏徹底的社會改革。第二點如同先前舉過的例子，顧炎武早在他的批評中便指出官方權力懸浮在民間之上。

回顧過往，西元十一世紀的宋朝，宰相王安石曾訂定「新法」，實施大幅度的改革。多項改革之中，包括創設中央銀行、改革勞役和軍政等，許多內容都與民眾的生活息息相關。可見在宋朝，與百姓有關的革新尚能推行。

然而，雍正皇帝的改革，卻已經無法達到這個目標。民間的規模已經變得過於龐大，到了政權都無從直接管理的地步。筆者認為，此時的改革目標，僅是盡量合理化官僚制度的運作，期待其效果能或多或少擴及民間而已。只是長遠來看，最終並沒有收到太多成效。

不過，雍正皇帝依舊成為歷史上的明君。或者說，不只是雍正皇帝，清朝可說是個明君輩出的朝代。當然，無論是雍正還是康熙皇帝，都是出類拔萃的優秀人物，也的確為了朝政犧牲奉獻、盡忠職守。只是，與其說他們是拿得出實際政績的明君，不如說他們無論如何都非常需要建立明君的形象。或者說，有一個迫使他們必須扮演好明君角色，不得不標榜善政的內情。

既然身為領導者，面對一個習俗和制度天差地遠，不同種族相依共存的國家，若為暴君、實行暴政，一定無法獲得認同。清朝面對各個種族，若不實行正當化自己統治的合理性的善政，就無法維持政權。清朝是在這種微妙的平衡下建立的王朝，筆者總認為這多少有點令人同情。

配合實際情況大幅調整的朝貢國

處理周邊國家的關係時，清朝同樣秉持著一貫「因俗而治」的態度。雖然大致上因襲了明朝的模式，不過增添了若干變化，採取更圓滑的作法。

為了應付「北虜南倭」，明朝疲於奔命，苦無解套之方。換言之，代表無論如何禁止，國內和倭寇或遊牧民族的貿易往來依舊非常興盛。因此清朝捨棄明朝的高壓路線，重新整備制度，希望能促進雙方貿易。此一做法等於追認一直以來存在的現狀，而這正是圖表7-1的箭頭所顯示的範圍——「互市」。「互市」就是交易、貿易的意思。

這個做法，也同時改變了明朝原有的「朝貢一元體制」。過去身為朝貢國的朝鮮半島、琉球，以及越南等東南亞諸國，都希望能和中國維持原本的關係。鄰近的國家既然攜帶朝貢物品前來致意，當然期待能和強大的中國保持穩定的關係。繼承明朝的清朝對於這點並無異議，因此這部分沒有太大變動。

不過，朝貢國可不只上述寥寥數國而已。根據明朝的行政總覽《大明會典》，朝貢國的數量上看數百。明朝推行「朝貢一元體制」是一個大原則，國家之間的外交關係只建立在朝貢上面。因此，只要是沾得上邊的周邊國家，無論實際上有無對中國朝貢，一概列入「朝貢國」的名單。比方說，儘管在足利義滿之後，日本並未再對中國實行朝貢，只有倭寇在沿海非常活躍，仍然屬於「朝貢國」的其中一員。

另一方面，若根據清朝的行政總覽《大清會典》，朝貢國則只有幾個國家。換句話說，只有真正實行朝貢的國家才能列入名單當中。而這對其他大多數沒有朝貢的國家而言，則意味著早已是既定事實的民間貿易，透過「互市」的名義獲得追認。如此一來，也能避免和其他國家產生不必要的糾紛。

舉例來說，像是日本，即便承認貿易關係，但要是倭寇時常來犯，對中國而言也是個棘手的問題，因此清朝允許中國商人前往日本經商，長崎貿易因此繁榮發達。另外，也開放外國人自由通行往來。西方人能途經東南亞，進而來訪中國。清朝的立場便是不禁止、也盡量不多加干涉。就算介入其中，頂多也是徵收貿易關稅的程度而已。

另外，這個時期，與中國往來的周邊國家又多了一個──俄羅斯。這是一場前所未有的新局面。明朝時期，萬里長城扮演國境的作用。進入清朝，由於蒙古歸順，便在國境北方與向東方擴張的俄羅斯成為鄰國。清朝和俄羅斯之間曾數度確認彼此的領土範圍，包括在西元十七世紀末簽訂《尼布楚條約》，又在十八世紀前半簽下《恰克圖條約》，雙方政府正式承認貿易關係。這也算在互市的範圍。

英國的茶葉需求拯救了白銀缺乏導致的通貨緊縮

生產和交易變得熱絡，銀自然面臨致命性的短缺。如果沒有銀子，中國的經濟根本無法運作。打從明朝開始，這個問題就已經日漸嚴重，到了清朝後狀況未曾好轉，甚至發展到了連政府的力量都鞭長莫及，無法控制的地步。

因此，便需要從海外調度大量的銀。明朝統治下的西元十六世紀，日本是最大的供給地，而歐洲的白銀也經由墨西哥和菲律賓等殖民地進入中國。

然而，在十八世紀初，日本的金銀礦開採一空，名實相符進入「鎖國」狀態。在前一章筆者曾經提過，日本便趁這個機會，將原先需要仰賴輸入的物產改為在國內自行生產。

另外，幾乎與此同時，歐洲面臨所謂「十七世紀的危機」。火山噴發導致氣候寒化，又連帶造成政局不穩的影響逐漸擴大。兩相加乘之下，經濟陷入不景氣，無法繼續供給亞洲白銀。

也就是說，無論是日本還是歐洲，中國都無法得到來自國外的銀。沒多久就陷入貨幣供給不足的窘境。因此，十七世紀後半的中國陷入嚴峻的通貨緊縮。從展現當時米價推移的圖表7-2來看，就知道價格跌落的幅度有多極端。

不過，到了十七世紀末之後，景氣迅速回復，物價再次上漲，人口也急速增加。清朝政府平定了在日本以「國姓爺合戰」聞名的鄭成功一族，也正式開放海外貿易。新登場的西方各國取代了此前的日本，特別是英國供給中國大量的白銀，發揮了互市的功效。

歷經工業革命的英國，由於都市地區勞動人口大增，而在這些勞動階層間飲用紅茶的風習瞬間爆紅。當時只有中國產茶，英國為了買到茶葉，於是付給中國大量的白銀。

因此，到了乾隆皇帝的時代（西元一七三五至一七九五年），中國面臨持續的通貨膨脹，物價以V字型的幅度迅速恢復。考慮到當時中國經濟復元的情況，不難想像日本和歐洲扮演了何等重要的角色。

圖表7-2　人口與米價變動

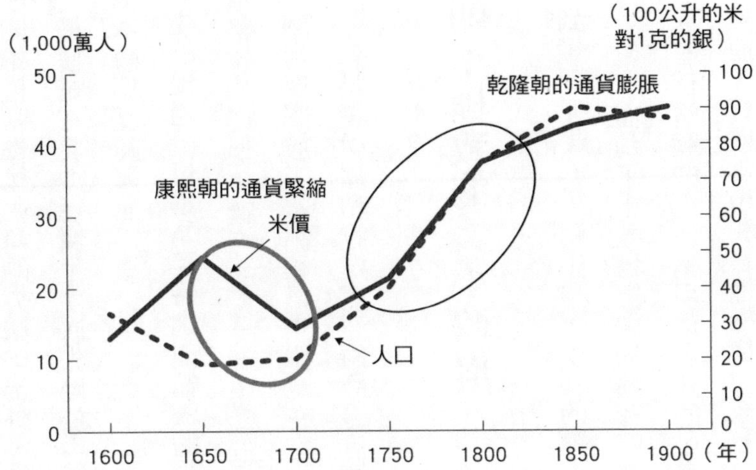

註：以五十年為單位做整體觀察，米價是前十年的平均值。
出處：據岡本（2011）為基礎製圖。

另外，也有一個說法指出和亞洲的貿易往來，可能是歐洲的工業革命的起點。例如棉花和棉布，原先是印度的特產，歐洲只是單方面輸入而已，此後才開始盤算是否有自力生產的可能性。因此選定了作為殖民地、氣候合宜的美國南部，開始普遍推行棉花栽種。

不過，要把棉花進一步製成棉線或棉布，需要大量的人力。歐洲光是要確保這樣的勞動力就十分困難，因此才開始摸索機械生產的方法。另外，像是絲綢或茶葉也是同樣的道理，他們的目標便是在其他區域生產原先屬於中國的產物，藉此擴大利益。而這些都與工業革命相互關聯。

先前提過，日本為了將之前輸入的生活必需品改由國內生產，而走向鎖國的道路。相反地，歐洲的宏大計畫，是建立一個替他們生產輸入必需品的世界。閉鎖與開放，歐洲和日本雖走在完全相反的道路上，但尋求代替輸入的方法來達到脫離中國和脫離亞洲的最終目標，卻是相同的。

清朝：極致的「小政府」

到了西元十八世紀中葉，中國的總人口數逼近一億。十九世紀初，人口數超越三億。而到了十九世紀中，共有四億人口，二十世紀初則已達到四億五千萬人。整個清朝的人口呈現爆發式的成長。

然而，行政都市和官僚機構的數量並沒有增加，請看圖表6-8的「圖解」便一目了然。隸屬於行政管轄以外的聚落，才是膨脹的主體。而就財政規模而言，十七世紀和十九世紀相比，也無太多變化。既然數字沒有更動，如果考慮到十八世紀持續發展的通貨膨脹，則財政規模實際上應當是縮小才對。

也就是說，人口雖然大幅成長，政府卻幾乎毫無應對能力。愈來愈多的庶民百姓無法得到來自政府機能的服務，或是不能行使自己應得的權力。從明朝開始就相當顯著的官民疏離問題，到了清朝更是變本加厲。政府的型態彷彿是「超級小政府」（Ultra Cheap Government）。

既然如此，那麼政府負責的少數行政事務，究竟包含什麼呢？舉例來說，大約就是收取稅金、取締犯罪的程度。甚至連徵稅這項工作，實際上都是由地方上有頭有臉的地主或大商人這類群體負責收取之後，再一併上繳，這種方式又稱為「包攬」。

這種中國政治的基本型態，到今天依舊存在。以日本人的習慣來說，許多被劃分在行政服務的業務，大多由民間自行處理。那麼，從民間的角度來看，政府不僅毫無用處，甚至還是敵人。

不停增加的人口，自然湧向等待開發的新天地。明代江南和湖廣兩地已經被開發。到了清代，邁向開發東三省（現在的遼寧省、吉林省、黑龍江省）的森林地帶和長江流域的山岳地帶，人口自然匯聚該地。從圖表7-3便能清楚看到人口移動的情況。

特別是東三省變成可以種植大豆之地。當時尚未流行食用大豆，多是拿來榨油，剩下的殘渣可當作肥料。這些肥料運到江南後，成為生絲與棉花生產的一大助力。明代所建立的地域分工合作（如圖表6-6），在清代發展得更廣，規模更大，詳情可見圖表7-4。這種循環支持著經濟起飛和人口的成長。

各地頻傳的民眾叛亂

人口持續增加，民間社群的力量也成長茁壯，這是可以預期的發展。然而在這個時期的中國，這些發展都在官員無法企及之處進行，社會上也因此出現各種獨立組織。

圖表7-3　人口爆發與移民的動向（西元十八世紀）

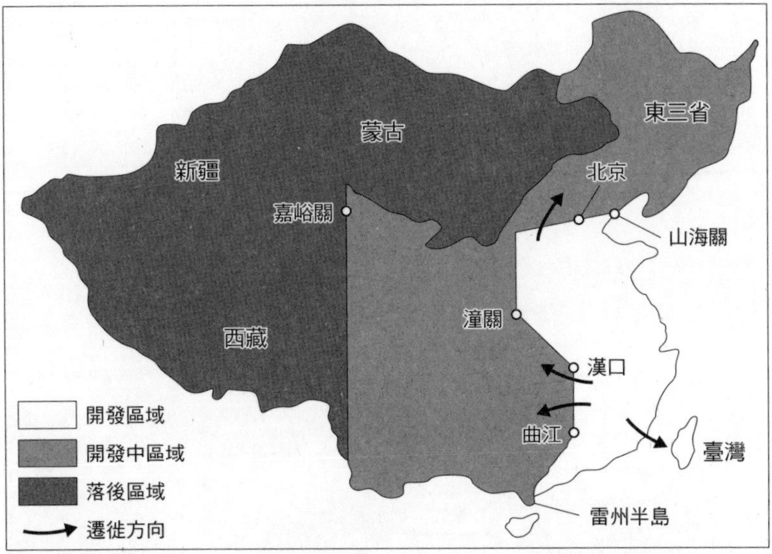

出處：據斯波（1995）為基礎製圖

民間的情況絕非豐衣足食。就算經濟有所發展，規模也擴大了，然而人口成長的幅度卻超越上述規模，導致一個人的伙食費並沒有因此增加。

經濟學者馬爾薩斯（Thomas Malthus）曾經提出「人口論」或「馬爾薩斯陷阱」，指出「人口增加將會超越糧食生產的成長幅度，導致貧困發生」。這裡正是出

圖表7-4　地域分業圖 ②（清朝）

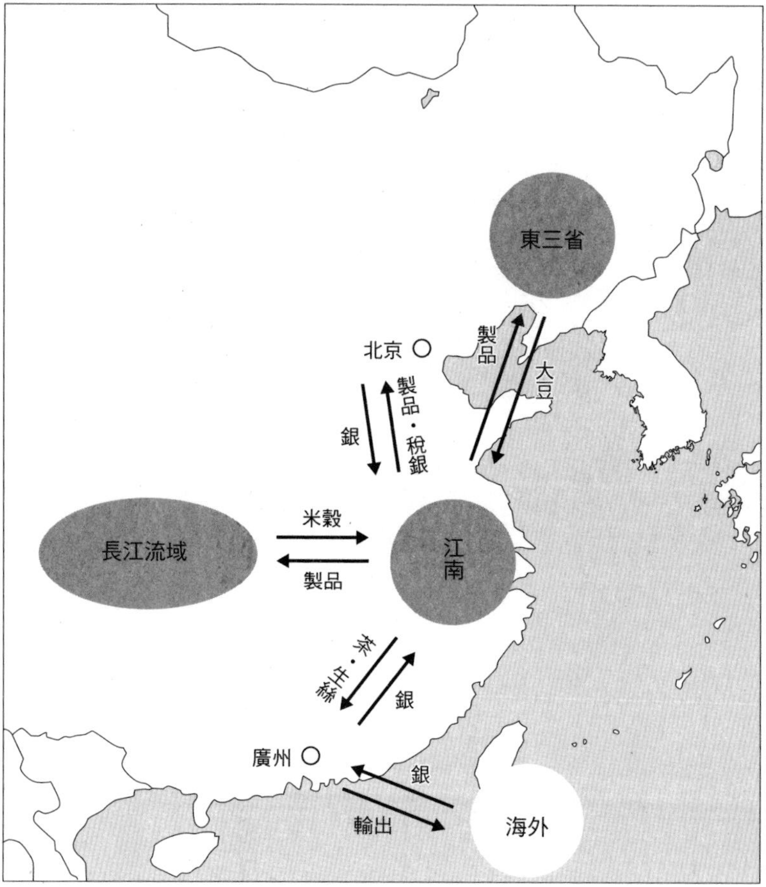

出處：引用自岡本（2013）。

現了這個典型的現象。

而這現象不只發生在清朝。在中國的歷史上，這種模式時常重複出現。例如唐宋變革之際也是如此。中國經歷種種技術革新，雖然全體而言變得富裕，但為了供養更多人口，或者是因為人口增加過多，個人反而無法享受到社會富庶的成果。

而在新開墾之地求生的人們，面臨的挑戰尤為嚴峻。這些遷往西部山岳地帶或北部草原地帶的人，住在倉促而就的房屋，過著篳路藍縷的生活。他們栽培剛從美洲大陸傳來的番薯和菸草，利用前者度過饑饉，並販賣後者來盡可能維持生計。

不過正如前述，政府毫無作為可言。不僅如此，甚至與地方有力人士互通聲氣，對艱苦的移民強徵課稅或施以迫害。

這樣一來，移民對社會的不滿日以俱增，新興宗教便趁勢而起。結果，在新開墾的土地上，彷彿祕密結社一般的宗教團體大行其道，並將反抗的目標對準政府和官僚。政府當然立刻回以鎮壓，卻反而引起當地百姓武裝抵抗，並進一步引爆為大型叛亂。西元十九世紀以後這種情形一再上演。

最著名的例子，首先是發生在十八世紀末的「川楚教亂」（白蓮教之亂）。接著是在十九世紀中葉出現的「太平天國」。太平天國原先是一個教團組織，信仰內涵以基督教為基礎，是一個名為「拜上帝教」的新興宗教。之後，在二十世紀初又發生了義和團事件。義和團原稱義和拳，也是白蓮教的其中一個支派。正如西方人稱他們為「Boxer」一般，此派教徒相信練了功夫之後，便能反擊飛在空中的子彈，成為彷彿超人般的存在。

當然，政府對這群人加以鎮壓，此時派上用場的正是透過「洋務」，從西方獲得的槍藥彈砲等武器和軍事技術。

經濟上各地走向獨立狀態

西元十八世紀中國的景氣動向和經濟狀況都深受西方的影響。西方儼然扮演一個牽一髮動全身的關鍵角色。由於清朝政權沒有完全察覺，甚至毫無自覺，只得面臨接連不斷的失敗，在十九世紀時飽受內憂外患的打擊。

儘管如此，十九世紀中期以後，清朝提出「富國強兵」的目標，開始推動軍事和技術層面的西化和近代化。這項作為被稱為「洋務運動」，正好和日本在明治維新之後的革新十分相似。洋務運動雖然也獲得了一定成績，但中國官民疏離的現狀，卻與官民一體的日本正好相反，因此最終效率並不如日本理想。如圖表6-8的圖解所示，兩國圖型的差異，如實呈現了「近代化」發展的不同。

另外還有一點，十九世紀後半葉開始，西方在貿易方面展現了顯著的影響力。一八七五年以後，中國輸出品的推移情況可參考圖表7-5。約到一八八五年為止，中國的輸出品幾乎只有茶葉和絲綢兩項。之前提過，兩者都是只有中國生產的特產。

然而，在那之後，雖然茶葉和絲綢的輸出量幾乎沒有改變，整體的總輸出量卻大幅增加。這是因為來自東三省的大豆、長江流域的穀物等各式各樣的農產品也大量流往歐美和日本的緣故。

圖表7-5　西元十九世紀後期中國輸出品的演變

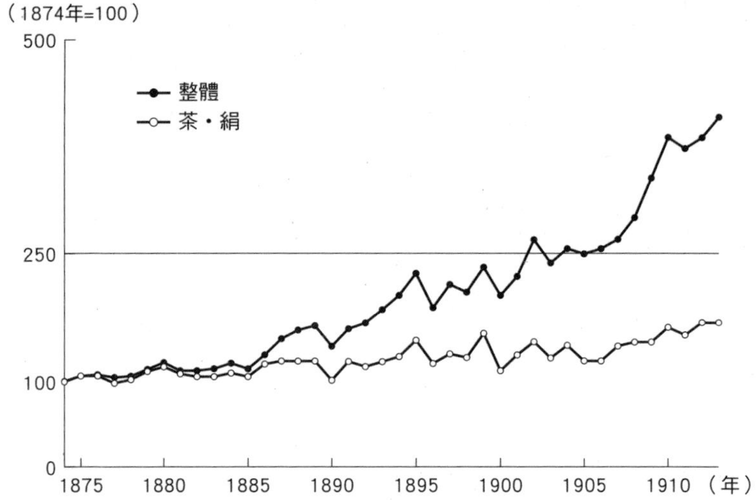

出處：引用自木越（2012）。

最主要的兩個理由，一個是銀價的跌落。圖表7-6所示，即為當時的銀子對錢和對金的匯率變化。由於歐洲各國導入金本位制，大量購買金而釋出銀，銀的價值才大幅滑落。另一方面，中國國內的貨幣流通以銀為主，中國的兌換率因而下降。也就是說，因為貨幣貶值幅度甚大，產品要輸出自然也比較容易。

另一個原因，第二次工業革命之後，主要在德國生

圖表7-6　銀價下跌（對金、對錢的比價）

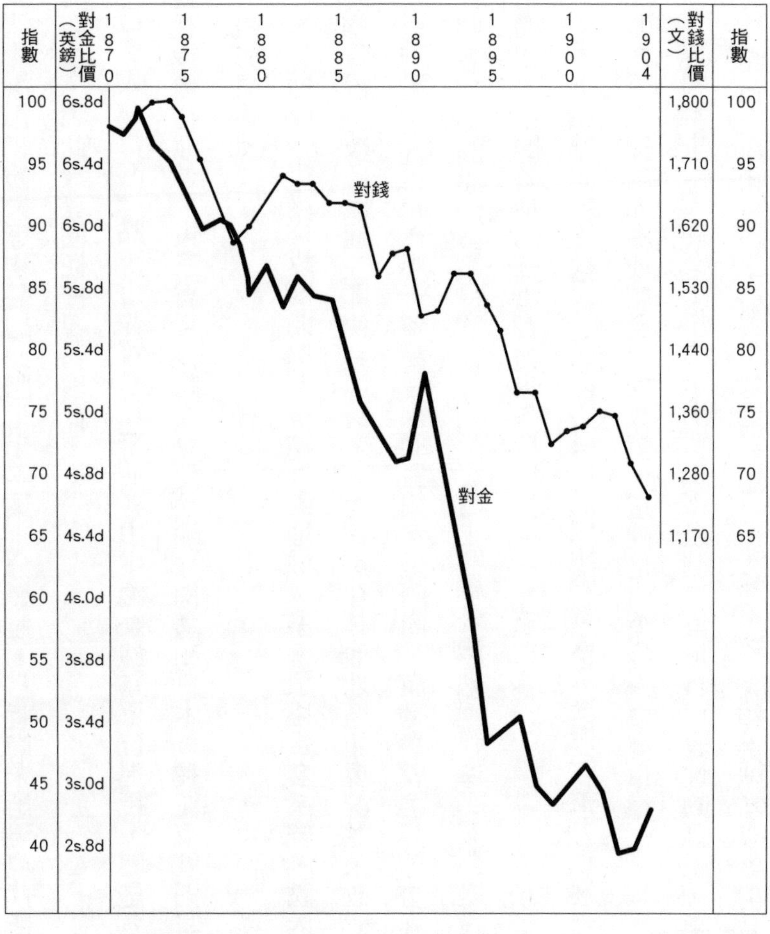

出處：據 Morse（1918）為基礎製圖。

產製造清潔劑和醫藥等物品的油脂化學工業十分發達。當時尚未出現現代所使用的石油，因此大豆油便被視為珍寶。

最引人注目的一點，這些貿易往來並非由中國整體為單位進行，而是各個地區直接輸往海外。東三省直接將大豆產品輸往德國和日本，長江流域則將商品作物運往歐洲。

一如前述，中國從以前開始便持續推動地域分業。根據這套系統，國內各地的物資得以彼此流通。即使到了清末，物資送往其他地區的現況並未改變。只不過到了十九世紀後半，貿易往來的對象不是國內，而是變成了海外諸國。比較圖表7-4和圖表7-7就可以一目了然。為了回應外國列強經過工業化之後的旺盛需求，中國各地的經濟實力也各自增長。

隨著上述發展，管轄各省的地方官，例如總督或是巡撫的權力也逐漸擴張，開始分別提出因應地域發展的政策。這就是所謂的「督撫重權」。

在清朝末年擔任外交工作的李鴻章和張之洞，皆是具代表性的例子。李鴻章的據點在上海和天津，他整備當地港灣、建設工廠，甚至創立海軍；而張

圖表7-7　開港市場範圍的交易結構圖

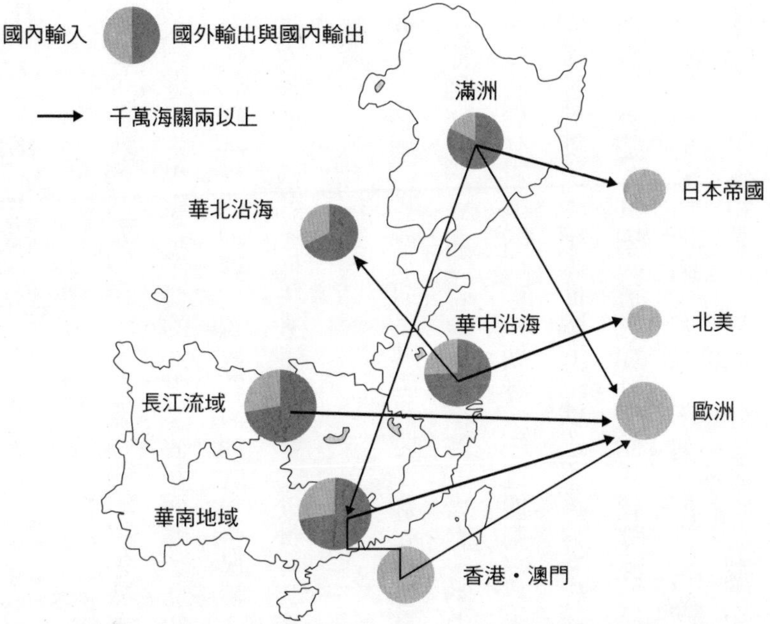

出處：據木越（2012）為基礎製圖。

之洞在長江中游當官，他不僅獎勵販售芝麻等經濟作物，也發行獨立的貨幣。

「瓜分」的危機

不過，西元一八九四至一八九五年間的甲午戰爭結束後，清朝的國勢面臨了巨大轉變。這場戰爭主要的焦點是放在朝鮮半島的勢力爭奪上。特別是對北京而言，朝鮮半島的地理位置攸關清朝的安全保障，是不可輕易拱手讓人的區域。這次失敗，清朝不僅失去了在朝鮮的優勢，甚至在整個東亞地區也顏面盡失。

而歐美國家和俄羅斯打的算盤，也不滿足於跟各個地域保持經濟上的關係而已。他們在政治層面露骨地以「租借」來劃定勢力範圍等方式，介入中國事務。原先屬於朝貢國的琉球和朝鮮，一個便劃歸日本所有，一個則獨立建國。

到了這種地步，中國面臨的危機已不再只有經濟層面，甚至連政治上都可能變得四分五裂。其中，屬於少壯派的年輕知識分子，危機意識最強烈。這項危機一般以「瓜分」一詞來形容。所謂「瓜」，就是彷彿西瓜一般，是被切開來分食的食物。事到臨頭，清朝的官員終於提出變革的主張。導入西方「民族

圖表7-8a 「因俗而治」和多元共存（至西元19世紀末）

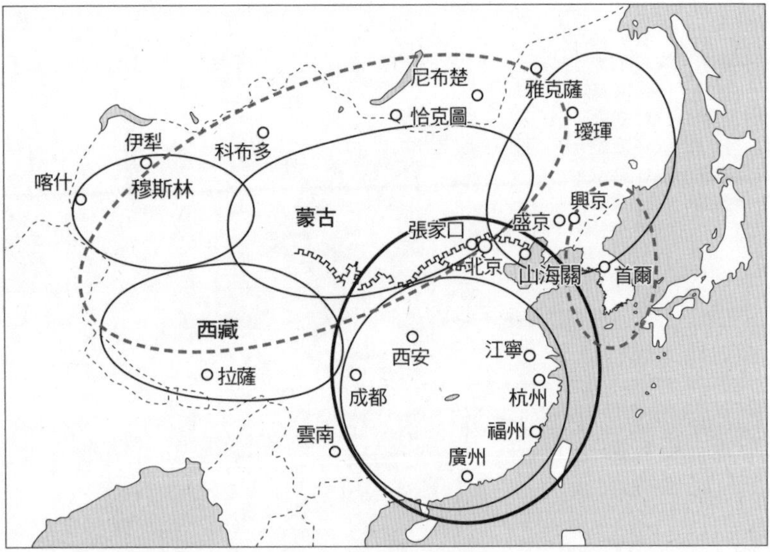

國家」的邏輯，明確劃分國家領土。圖表7-8的a、b、c等三張地圖，表明了瓜分前後的狀況。

之前提到，朝鮮雖是清朝的朝貢國，但至少還是一個保有自主權的國家，無論是內政或外交，都有相當大的自治空間。結果，朝鮮從清朝的屬國下脫離獨立，之後和日本合併。至於朝貢國的琉球早早就因為「琉球處分」成為日本的一部分。另一方面，越南也成為法國的

圖表7-8b 「瓜分」（西元1898-1900年）

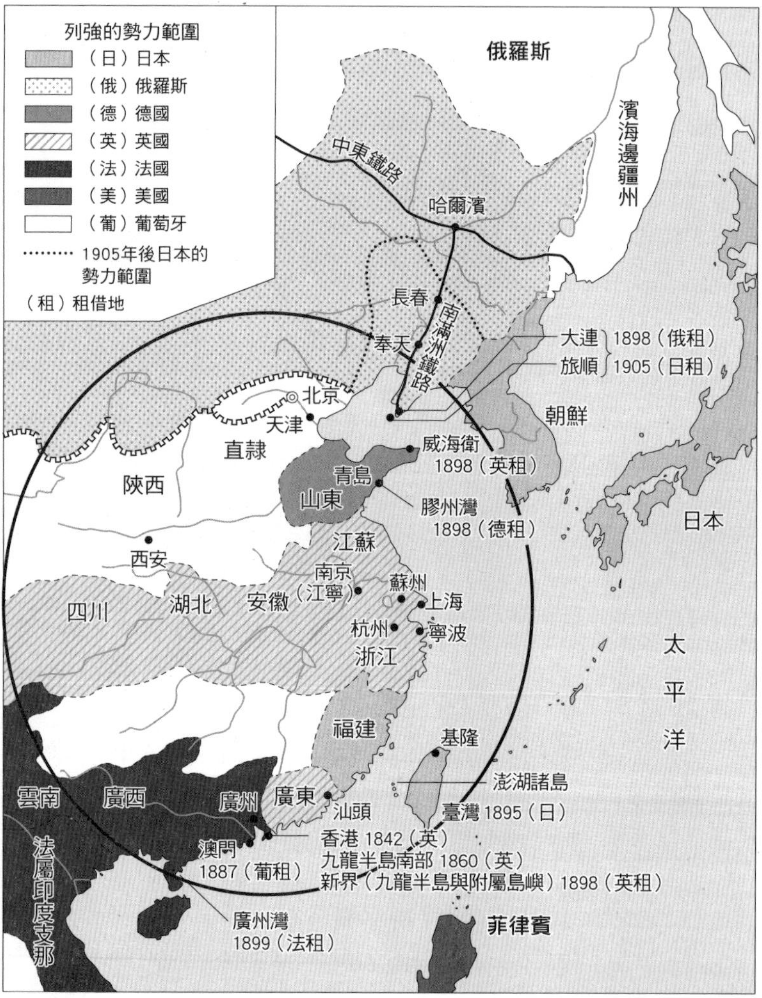
列強的勢力範圍
（日）日本
（俄）俄羅斯
（德）德國
（英）英國
（法）法國
（美）美國
（葡）葡萄牙
1905年後日本的勢力範圍
（租）租借地
俄羅斯
濱海邊疆州
中東鐵路
哈爾濱
長春
南滿洲鐵路
奉天
大連
旅順
1898（俄租）
1905（日租）
朝鮮
北京
天津
直隸
威海衛
1898（英租）
青島
山東
膠州灣
1898（德租）
陝西
西安
江蘇
南京
（江寧）
蘇州
上海
杭州
寧波
浙江
四川
湖北
安徽
日本
太
平
洋
福建
基隆
澎湖諸島
臺灣 1895（日）
雲南
廣西
廣州
廣東
汕頭
香港 1842（英）
九龍半島南部 1860（英）
新界（九龍半島與附屬島嶼）1898（英租）
澳門
1887（葡租）
法屬印度支那
廣州灣
1899（法租）
菲律賓

殖民地。

這些地域並非都是清朝的朝貢國。例如奉清朝皇帝為尊的西藏和蒙古都屬於「藩部」。地位雖和朝貢國完全不同，清朝名義上擁有「宗主權」，實際上並不介入對當地的統治。

圖表7-8c　「領土主權」與民族國家（西元1905年至今）

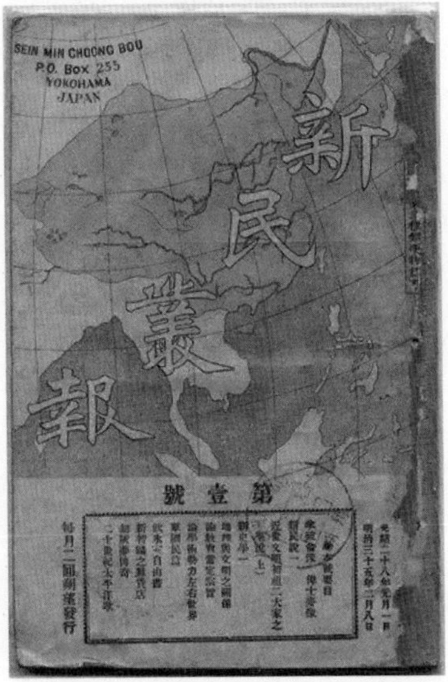

註：中國的範圍。早期的《新民叢報》封面將中國範圍塗上淡紅色，清楚表明固有疆域。
出處：《新民叢報》第一號（1902 年）的封面。

但是清朝自從在朝鮮嘗到苦果後引以為戒，決定一掃這種曖昧的從屬關係。政府將軍隊派往「藩部」，主張清朝對蒙古和西藏擁有「領土主權」而非「宗主權」。走到這一步，可見清朝已經轉移目標，要將轄下版圖都納入自己的控制之下。

民族國家的「中國」誕生

從這個時候開始，中國才第一次出現「領土」的概念。這個詞彙本來就不是中文，而是日文。領土一詞，是將日文原有的「知行地」[8]「領地」等詞，經過西方式的法制用語化後，新造而成的詞彙。清朝在參考日本統治體系時，又吸收了這個詞彙與和概念。又比方說「主權」一詞，在中國原本可能指的是「主人的權利」，意義十分廣泛，無特定所指。直到中國從日本引進sovereignty的譯語「國家的權力」之後，「主權」的用法才固定下來。

另外還有一點，也是從這個時期開始，「中國」才成為一個國家的名稱。在此之前，中國只有王朝名稱。然而「清朝」一詞，無法顯示任何身分認同，對那些原先就對此說法感到不滿的官員和知識分子而言，無論被喚作「清國人」或「清人」都存在著違和感。於是，思考一個嶄新的國名就成了當務之急。

那麼，該取什麼國名？無論當時，直到現在，歐美皆以「China」指稱中國，相對應的漢字則是「支那」，來自古時的佛教經典，彼時日本人也習慣使用這個稱呼。中國人也加以模仿，開始稱呼自己為「支那人」。雖然今日這個詞彙帶有輕視的意味，當時卻是極為新潮的稱呼。

不過，「China＝支那」皆為外來詞語。因為日本人也不叫自己「Japan人」（ジャパン人）。不久之後，中國人開始思考用本國語言建立自稱，便出現了「中國」。「中國」這個語詞原本就是一個常見的名詞，意指「中心之國」。這個詞彙融入了自尊心，最終轉化為一個專有名詞。

最初，清朝採行「因俗而治」的方針，尊重當地原有的制度，可以說是地方各自為政下的狀態立國。但是到了後期，成為一個同質一體的民族國家的意識高漲，都反映在前述的概念和國名上。不過，實際的整合作業卻要等到二十世紀才真正完成。

8　譯註：江戶時代，將軍將土地分封給大名和旗本，之後大名又將土地以俸祿的形式分給家臣（藩士），此即為知行地。

第八章

歷經革命的二十世紀

——邁向民族國家的奮鬥之路

建立民族國家

對中國而言，二十世紀是一個革命的時代。

首先在西元一九一一年發生了辛亥革命。圖表 8-1 的旗幟標示代表脫離清朝中央政府的地方省政府，都特別集中在南方。

一九一一年十月十日，湖北省的武昌（位於現在的武漢）率先脫離清朝。從此以後，叛亂如星火燎原般四處群起。各省發起叛亂的要角，皆是先前從屬於清朝的軍隊組織。這些軍隊背叛清朝，在各地成立地方的獨立政府。

緊接著在一九一二年一月一日，地方的領導者在南京集結，成立南京臨時政府，也就是後來的中華民國。當時清朝政府依舊在北京擁有勢力，也還有支持清朝統治的省分。就任臨時大總統的孫文為了國內局勢的安定，以清朝皇帝退位為條件，將大總統的位置讓與清朝內閣總理大臣袁世凱。同年的二月十三日，持續了約三百年的清朝正式滅亡。

中華民國的英文名稱是「Republic of China」，毫無疑問，是以「民族國家」

圖表8-1　辛亥革命（西元1911-1912年）

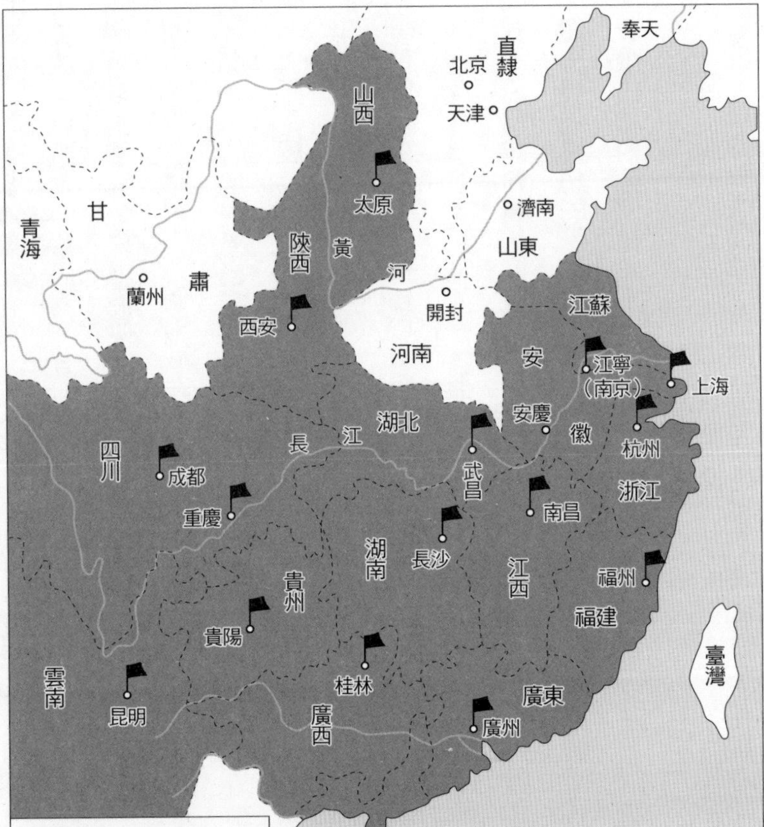

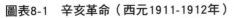

為目標立國。但根本癥結在於，當時國內現狀卻是各省四分五裂。即便從清朝的中央政府過渡到中華民國，各地獨立的企圖心依舊旺盛。此後，地域之間的軍閥鬥爭層出不窮，未曾消停。

前一章曾經說到，各個地域在社會經濟層面上，早就和外國直接往來。而從明代開始，各地也早已習慣發行獨立的貨幣，這在日本學術界稱為「雜種幣制」。就是這樣易於獨立的先天環境，莫怪乎政治上最終出現了像辛亥革命這樣的現象。

這種情況不只出現在各省。蒙古和西藏也趁這個機會尋求獨立。中華民國為了杜絕此種風氣，派軍前往該地，卻反遭擊退。這是因為俄羅斯及英國各自介入其中，牽涉到頗為可觀的利害關係，因此西藏和蒙古的「獨立」變成了國際問題。經過協議的結果，兩地獲得「自治」權。對中華民國而言，這只是形式上將蒙古和西藏留在領土之內，保全了面子問題，但實際上兩地已經接近獨立狀態。

之後，蒙古徹底脫離中華民國獨立建國。另一方面，西藏則沒有獨立，反而中華人民共和國建立之後遭到軍隊進駐，迫使達賴喇嘛不得不亡命出逃。

蓬勃興盛的沿海和發展遲緩的內陸

話說雖然中華民國以近代「民族國家」為理念來建國，但當時中國內部的實際情況，卻是維持著清朝的「因俗而治」和多元共存。弭平此一差異，整合為一個真正的民族國家，對中國而言是最迫切和重大的課題。

人口分布即是當中具代表性的問題。根據圖表4-2b，西元十三世紀末，江南和華北之間的落差達到高峰。歷經時代遷徙，雖然問題已經漸漸不那麼引人注目，取而代之的卻是從明朝開始出現的東西差距。前面的章節曾經提到過，透過海洋串連的海外貿易，從明朝開始躍上檯面，在中國的經濟上占有一席之地。伴隨貿易發展，沿海都市一個一個興起，人口開始往都市集中。北從天津起算，出現了上海、廣州、甚至香港等新興城市，故我們不難明瞭趨勢何在。這幾個都市在清朝以前都還沒沒無聞。可是現在一旦扣掉這些地方，中國就沒什麼好談的了。

另一方面，西邊的內陸區域，開發進度較落後的土地十分廣闊，特別是屬於過去「藩部」的深處腹地，幾乎未曾經過開發。由此可知，人口分布的不平衡現象，東西差異比南北更甚。自清代以後，甚至到了今日，如何填補東西南北的結構性差異，都是歷代中國政權面臨的重大課題。

舉例來說，中國政府在西元二〇〇〇年時曾提出一項名為「西部大開發」的計畫。打算將人流、物流、金流引進開發遲緩的西部內陸地區。但背後的深刻差異並非從這個時候才出現。換言之，如何處理這些屬於「領土」範圍的舊「藩部」，與民族國家的建設和國內整合問題劃上等號。

中國的工業革命

由於不同地區的軍閥相互爭戰，中華民國的整體形象是一步一步整頓出來的。前一章的圖表7-7顯示的是西元一九一三年軍閥割據時期的模樣。圖表8-2

圖8-2　市場圈的交易結構圖（西元1936年）

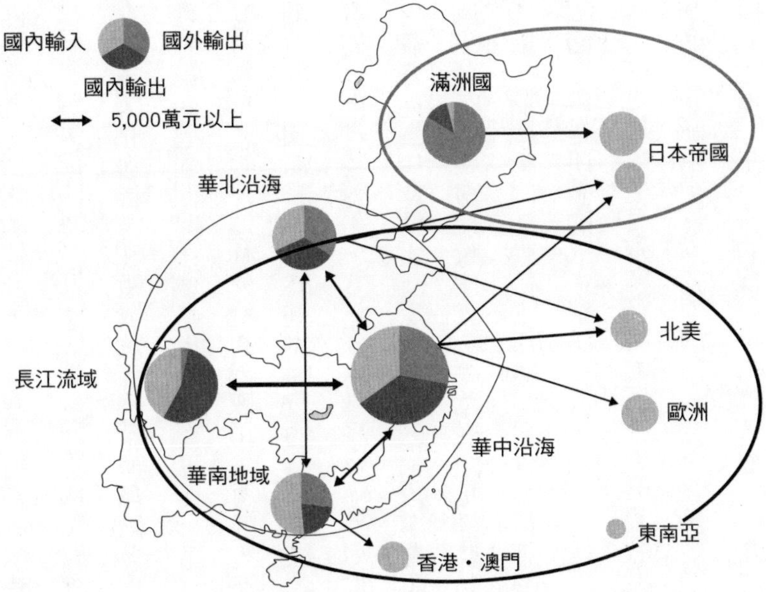

出處：據木越（2012）為基礎製圖。

則是西元一九三六年的情況，可以發現到了這個時候，情勢已然大致底定。

當時，約莫從西元一九一〇到二〇年代左右，江南三角洲在明朝以後迎來第二次的工業化發展。和英國的工業革命相同，江南導入了以製造棉製品為主的生產機械。這可說是中國版的工業革命。

在此之前，日本已經先一步完成工業革命，並以中國市場為目標，大量販售產品。對中國而言，因為基本通貨的銀價下跌，雙方皆有利可圖。

然而，歐洲爆發第一次世界大戰之後，各國無法繼續維持金本位制，銀價也隨之飆漲。對中國而言，工業製品的輸入價格自然往上提升，有些產品若能在本國生產，價格會比較便宜。因此從西元一九二〇年代開始，中國各地開始興建工廠，紡織業的活動特別活絡。另外，日本的業者也在上海附近投入建設大批工廠，就是所謂的「在華紡」。

第一次世界大戰導致歐洲各國民生工業凋敝衰敗。此時中國開發的工廠已開始營運，並聘用大量勞動人口，經濟的運轉中心逐漸轉移至此處。這樣一來，原先地域分工合作的樣貌也出現轉變。在此之前，各個地方通常與海外直接進行貿易往來，但如今位於灣岸的工業地帶一肩扛起運往各地的工業用品供給鏈，而其他區域的農產品則流向灣岸地區。於是經濟結構出現轉型，由開發速度最快的江南三角洲地區占據中心地位，其他地區則與之連結。

日後在南京建立國民政府，被視為孫文繼承者的蔣介石，正打算利用這個變化，一舉達成國內社會和經濟層面的統一。

蔣介石統一中國，以及日本的角色

蔣介石的勢力範圍，正是經濟開發最先進的地區，以江南三角洲為中心的灣岸地帶。其餘內陸各地，在經濟層面上都依賴此地。所以其他軍閥無論喜歡與否，都不能隨便和蔣介石翻臉。

挾此優勢，蔣介石開始計畫統一貨幣。此前運作的「雜種幣制」是清朝遺留下來的制度，也是地方各自為政的真實寫照。但國民政府的目標既然是建立一個民族國家，就不可能放任此等幣制延續下去，必須制定一個全國通用的貨幣。因此國民政府發行紙幣，並訂為法定貨幣，這就是所謂的「法幣」。

歐美各國為了繼續強化和江南三角洲的金融關係，樂於支持這項改革。故法幣可以和世界基準貨幣的美金和英鎊互相兌換，也獲得對外的信用，這些舉措皆促進了法幣的流通。

不過，沒有跟上這批潮流的只有一個地區，那就是和日本權益息息相關的東三省，亦即滿洲。詳情可參考圖表8-2裡面的橢圓圖示。

西元十八到十九世紀之間，漢人移民大量移入滿洲。滿洲經過開墾後，成為大豆的主要產地，已經不只是過去所謂「滿洲人的土地」而已。更有甚者，在列強「瓜分」的危機當中，俄羅斯獲得了滿洲的鐵路權益，此後幾乎將滿洲視為是自己的殖民地。

在日俄戰爭中日本挑戰大國俄羅斯，並費盡千辛萬苦取得勝利。在西元一九〇五年日俄雙方簽訂的《樸茨茅斯條約》之中，俄羅斯將滿洲一部分的權益讓給了日本。後來中國民族主義崛起，矛頭便指向日本帝國主義所獲得的這份權益。

參照圖表8-3，山東省的中心都市濟南市，是國民政府和滿洲勢力的分界線。西元一九二八年，國民政府的北伐軍和日軍在此發生衝突，日本決定出兵山東。在這場「濟南事變」當中，日本擔憂國民政府的勢力如果持續北上，將有可能危及在日俄戰爭中以將士犧牲換來的滿洲權益。在這個意義上，濟南事變可說是西元一九三一年滿洲事變（編按：即九一八事變）的前哨戰。

與此同時，中國方面的局勢也依舊四分五裂。較為先進的沿海都市地區，以及發展相對落後的內陸農村地區，兩者之間的對立愈來愈激烈。代表都市勢力的是率領國民政府的蔣介石，以及與他關係密切的浙江財閥等人士；而象徵農村勢力的則是領導中國共產黨的毛澤東。

選擇共產主義作為國家整合的手段

當時的國民政府，外有日本，內有中國共產黨兩個大敵，不過蔣介石最初的計畫是先擊潰共產黨，再來針對日本。他認為唯有整合國內勢力，才能與日

圖表8-3　南京國民政府（西元1928年）

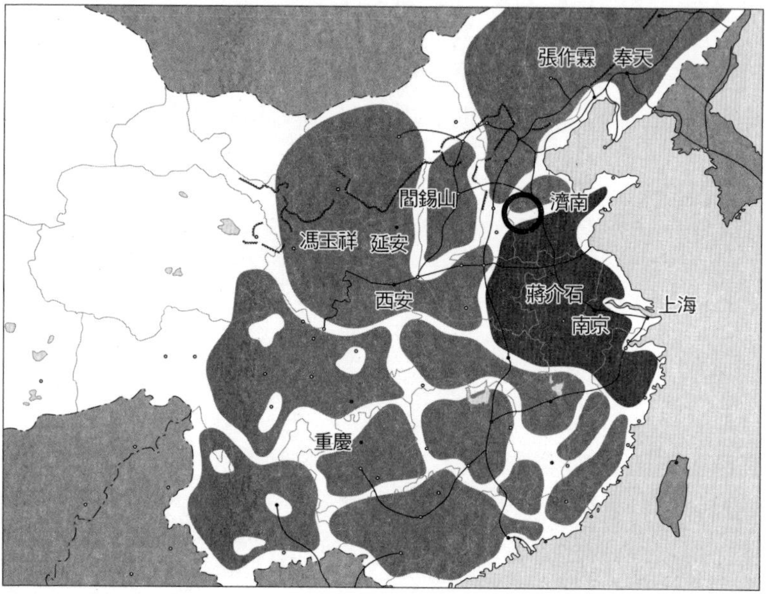

本一決死戰。實際上，國民政府一路打擊共產黨，將其逼至陝西省的山谷。不過，蔣介石卻在國民政府的東北軍領導人張學良強行說服之下，與共產黨和解，史稱「西安事變」。不久之後，國民政府便與共產黨聯手對抗日本，而中日兩國之間也走向全面開戰的地步。

圖表8-4的時間點為一九四〇年，若與前圖

圖表8-4　抗日戰爭（日本占領地，西元1940年）

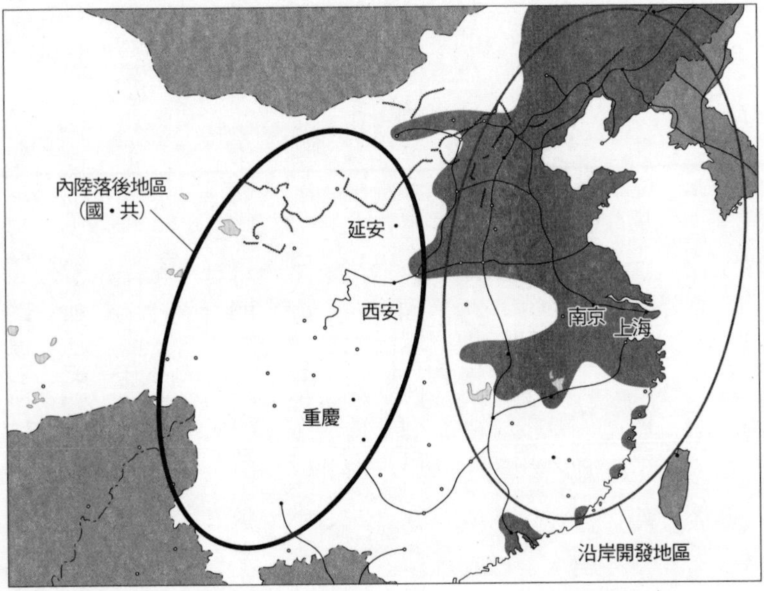

的圖表8-3兩相比較，可以知道過去屬於國民政府蔣介石和軍閥張作霖的勢力範圍，大多都被日本占領。

換個角度來看，日軍所掌握以及支配的地區，只有開發過的沿海都市等地。為了因應日本的攻擊，蔣介石率領的國民政府將據點移往內陸的重慶，而毛澤東旗下的共產黨更是把根據地遷往更深處的延安。

不過，和外國保持關係的開發區域被日軍占領後，前述談到蔣介石期待以經濟手段統一中國的模式就無法繼續維持。中國國內再度陷入分裂，日本政府的魁儡政權「滿洲國」建國，而為了和蔣介石對抗，和日本聯手的汪兆銘也建立南京政府。

發展至今，中國國內分崩離析的態勢，幾乎和清朝的情形完全一致。蔣介石和毛澤東等不同的領導人同時登場，並帶來不同的政治理論和思想主義。到了最後，國家仍然無法達成一元化的目標。

在這時候，毛澤東呼籲國民「以鄉村包圍城市」。打算藉由這個策略，鼓舞農村的庶民力量，奪回開發地區的都市。

這個關鍵時刻，我們必須回顧之前圖表6-8的「圖解」。不管是國民黨還是共產黨，其成員原先都來自V以上核心都市的居民。不過由於雙方在中日戰爭接連失利，不得不撤退至VI以下的聚落和農村。為了在這些地方謀求東山再起，就必須動員這些下層民眾。當時雖然屬於戰爭時期下全民抗戰的體制，但也是政治權力首次能夠浸透到基層社會的時代。

舉著抗日大旗，毛澤東利用了共產主義。在共產黨員之中，當然也有些人鑽研過社會主義理論，正視資本家榨取勞動者的社會問題，並打算按照理論來訴諸共產革命，以達成消除社會不平等的目的。不過毛澤東本人的情況卻有所不同，他出身貧窮農村，農村本位就是他最大的政策目標。而為了獲取認同，便利用共產主義訴求自己的正統地位。

說得極端一點，不管哪一種意識型態其實都無所謂。如果想延續中國傳統的話，儒教也可以作為號召，但是這些想法都無法抵達農村，傳到庶民耳中。為了打破現狀，建設一個民族國家，以及為了集結所有國民，都必須要找尋一個全新的象徵。蔣介石拿出的是孫文創立的三民主義（民族主義、民權主義、民生主義）；而對毛澤東來說，就是馬克思和列寧提倡的共產主義。

明朝以後的結構性問題在現代中國更加嚴峻

中日戰爭的結果，日本戰敗從中國撤退。蔣介石所率領的國民政府回歸中央。照理說在戰爭期間掌握的基層社會和下層民眾，卻在此時開始與國民政府漸行漸遠。另一方面，毛澤東的共產黨卻把持住了底層百姓的心聲。國共兩大陣營的對立演變成為全面內戰。最終，蔣介石在經濟上遭遇失敗，失去了都市有力階級的支持，被迫離開大陸。

將陣地轉移至臺灣的蔣介石，持續對反體制派和共產主義者進行徹底的鎮壓。這場所謂的「白色恐怖」，理所當然是內戰的餘波，同時也受到當時世界冷戰結構的影響。也正是冷戰的關係，反而讓毛澤東的評價水漲船高。筆者認為，或許是這個時間點上，毛澤東深信自己能透過共產主義建設國家吧。放到現在可能難以想像，不過當時社會主義和共產主義的權威可是不容小覷。

實際上，西元一九四九年建立的中華人民共和國，其基本理念便是盡量貼近基層社會，也就是把農村本位作為所有政策的前提。

舉例來說，中共便實施了類似日本農地解放的「土地改革」，目的在於給予農民土地。在其他方面，則展開「三反五反運動」，一掃官僚貪污問題，甚至發起「反右派鬥爭」等激烈行動，打壓抱持批判的知識分子和資產階級。

這些做法，與其說是社會主義的政治，不如說是模仿明朝初期，對反對自身政策的江南地主進行鎮壓的朱元璋。

最終催生的結果便是西元一九六六年開始的文化大革命，持續了約莫十個年頭，並不斷擴大其影響範圍。高捧下層民眾、過度攻擊上層階級的結果，便是全國疲於奔命，最後以毀滅性的失敗告終。

為了阻止情勢惡化，鄧小平提出改革開放路線。保留共產主義的意識型態和統治體制，採取市場經濟，推進海外貿易，開始追求繁榮進步。鄧小平這樣的姿態，與只保留中華思想和皇帝制度，一改過去明朝對外秩序的清朝重疊在一起。

雖然近年中國的發展稍有停滯，但自從改革開放以後，中國的經濟持續快速發展，富裕階級的數量也有飛躍式的增加。而以「一帶一路」為開端，中國政府也積極發展對外的經濟政策。不過，中國一如往常，對於農民、工人等下層階級，依舊拿不出有效的政策。無論是毛澤東式的明朝路線，還是鄧小平式的清朝路線，占絕大多數的基本民眾，還是無法分享到繁榮的成果。

到了最後，中央和社會底層還是貌合神離。這個中國從明朝開始就面對的結構性問題沒有解決，一路發展至今反而變得更加棘手。共產黨雖然極力想促進融合，但是如果過度給予民眾自由，激起民主化運動的話，又將無法收場。因此目前的現狀，便是盡量控制底層民眾，但仍未找出最理想的解答。

目前由習近平國家主席領導的共產黨最擔心的惡夢，就是底層民眾與政權疏離的同時，富裕階層則與外國結交緊密關係，與國家分道揚鑣。這意味著更大的不平等以及政治和社會的分裂。

結　語

現代中國和歷史的意義

西元十四世紀是分水嶺

簡單明快地用幾個關鍵詞形容現今中國的社會構造，一定不能少了「多元化」，以及上下階層的「疏離」。那麼具體而言，這個分水嶺究竟出現在中國史上的哪個時期呢？筆者認為，關鍵就在世界性氣候寒化所引發的「十四世紀的危機」，還有緊接在後的大航海時代。

回溯歷史，早在西元紀年之前，中國就是一個多元化的世界。眾多勢力各自據地為王，身分階級劃分明顯。秦漢帝國完成統一之後，全體才走向均質化。而這個時期也逐步實現了所謂「平面的」社會。

然而在西元三至四世紀時，因為氣候寒化，這股趨勢頓遭嚴峻打擊，從此以後建立的政權，不約而同紛紛得和「多元化」相互搏鬥。而西元三世紀以後，社會結構也出現了「士」與「庶」的二元對立階級。

勢力分裂，政治和社會雙雙陷入長期的混亂和對立衝突，究竟該如何調整並謀求共存呢？經過數百年的錯誤嘗試，西元十三世紀登場的蒙古帝國，終於對這個問題提出一個解答。蒙古帝國統領中國在內的歐亞大陸，確實是世界史上的一大偉業。

不過，即便是國力首屈一指的蒙古帝國，也不敵氣候寒化的威力。這個龐大的帝國在西元十四世紀時瞬間解體滅亡，原先歸屬其下的中國，再一次重回多元化的世界。從此以後，便在遍尋不著整合共識的解答之下，走到了今天。

另一方面，同樣面對氣候寒化的挑戰，歐洲給出的解答則是近代化。這是一個從大航海時代開始，一路發展至工業革命的過程。最終也造就了一個全球化的世界，並帶給中國史巨大的影響。

中國人口分布的南北比例，正如圖表4-2b所示，以西元十四世紀為界，出現了重大的逆轉。在西元十四世紀以前，以江南為主的南方一直是人口增長的領頭羊，此後卻一舉換成北方中原地區的比例開始上升。南方的衰退和北方的發展並非完全是比例改變的主因，南北的差距逐漸縮小，才是關鍵所在。

上述情況，反映出「十四世紀的危機」的真實樣貌。代表遊牧世界的中亞存在感逐漸薄弱，相反地，海洋世界的重要性卻開始提升。進入西元十六世紀

圖表結語-1　中國的東西落差

西元21世紀的中國

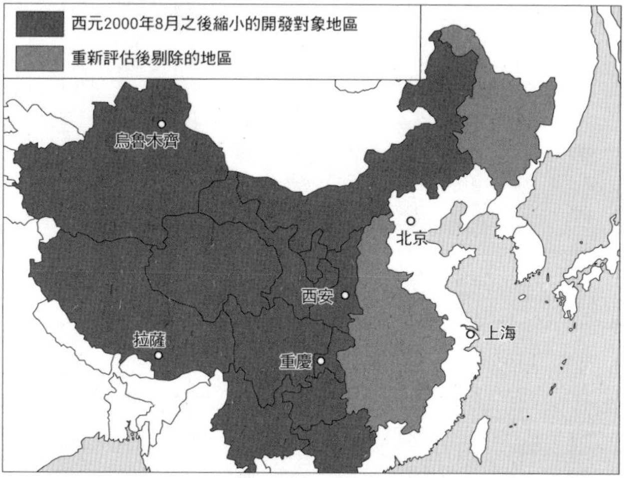

西元18世紀的中國

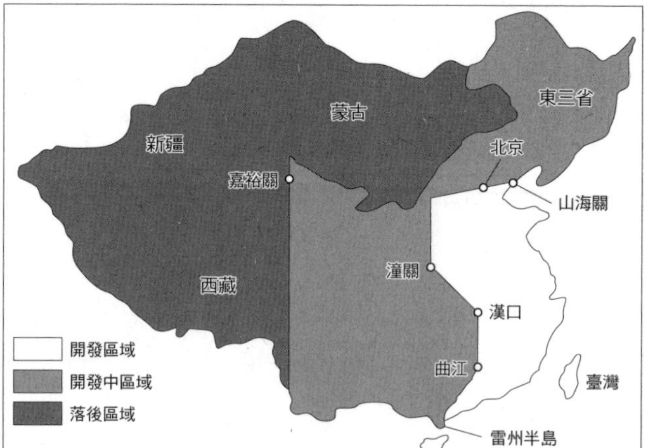

的大航海時代後，中國和歐洲及日本的貿易往來，讓沿海區域得以獲得發展。南方與北方的差異不但沒有消失，事態反而朝著不同方向前進。靠海的東側日益發達，西側的內陸卻彷彿被棄置在後。最後，東西之間的落差遠比南北來得嚴峻。

從那時候到現在，這個結構性的問題始終沒有改變。東側較為先進，西側較為落後，這樣的狀況，比較圖表結語-1的兩幅地圖，無論是西元十八世紀和二十一世紀，東側較為先進，西側較為落後的情況皆無太大差異。

受到歐洲影響，決意建立「民族國家」

換句話說，中國原先便存在的南北差異問題，因為大航海時代的影響，又多了東西的落差，空間構造變得更加斷裂。在社會階層方面，二元化的「士庶構造」原本存在已久，然而「士」與「庶」之間，又陸陸續續出現了不同身分和階級的人群，中國社會也漸漸走向多元化和複雜化。

順帶一提，從地域構造、社會結構，或是歷史的角度來看，日本都是一個非常單一純粹的國家。所以面對西方的近代化挑戰時，很容易形成民族國家。從日本人的感覺來看，中國社會絕對是超乎想像地複雜詭異。

如果只把目光放在日本，或許日本內部也存在不少多樣性。近年的日本史研究，這樣的論調也逐漸變多，不過仍然無法和中國的情況相提並論。

特別是西元十七世紀以後，這個問題漸漸浮上檯面。也就是說，自從蒙古撤退，明朝以後的中國歷史，可說一段歷代政權面對社會紛亂，究竟該如何維持秩序並設法共存的過程。

清朝接棒明朝，統治中國之時，不只中國，連同東亞在內，在西元十八世紀時曾達到一個統合、和平的時代。不過隨著歐洲加速近代化，並正式進入亞洲，中國社會的多元構造在刺激之下，變得更深刻且鮮明。地方勢力逐漸增大，在此前委託當地管理的清朝式「小政府」統治方法，終究無法對應工業革命以後的近代化浪潮。西元十九世紀下的中國，是一個飽受內憂外患的時代。

於是，歷經種種磨難與掙扎，中國決定以席捲時代的歐洲近代國家，以及學習歐洲的日本為範本，選擇建立「民族國家」當作解答。然而「民族國家」這套體系的產生，來自於單一構造的社會，照理來說並不適合多元化的中國社會。不過，經過全球化洗禮的世界，或許只剩這個方法可行。時至今日，中國的混亂和苦惱仍然持續不斷，根本成因即是在此。

清朝因辛亥革命而滅亡，中華民國繼之而起，也和歐美保持深交。第二次世界大戰結束後，毛澤東率領的中國共產黨建立了中華人民共和國，與蘇聯和共產主義結盟。毛澤東所在陣營看似截然相反，但「建立一個民族國家」的目標卻是共通的。成立民族國家，致力於對抗西方和日本，這便是中國的「革命」。

話雖如此，這場革命與建立民族國家的意識型態，和歷史造就的極端多元化現實之間，存在一道不容易填補的深刻鴻溝。因此在填補完之前，這場革命將會繼續下去。而這就是今日中國的樣貌。

多元性與「一個中國」的矛盾

舉例來說，「一個中國」的口號，是中國政府一直以來提出的政策立場，這也可以說是中國的國是吧，也是為什麼他們主張不只中國，連同臺灣、香港、澳門等在內，皆在統一國家中國的支配之下的緣故。

不過，如此充滿欺瞞的話語，世上沒有第二個了吧。實際上，中國面對數個民族和國境的問題。

例如民族問題中的「西藏問題」。中國主張「領土主權」和權力歸屬，西藏則要求「高度自治」，兩者持續對立，問題看起來絲毫沒有解決的餘地。另外，中國當局日前將「數十萬」新疆維吾爾自治區的居民強制送進收容所的報導，對身處世界的我們也感到十分衝擊。雖然中國政府也提出相應的理由，卻洗刷不掉強制和壓迫的印象。

至於國境問題，包括與日本的尖閣諸島（釣魚台）問題在內，和越南還有南沙諸島的糾紛。而在印度和巴基斯坦，雙方也在國境持續對立。

另外，中國針對香港和澳門導入所謂的「一國兩制」。這套制度原先是以與臺灣統一為前提所設計出來的構想，不過英國返還香港之後，便先行在香港實施。然而，這種不完全的「民主化」，加上當地民眾對此衍生的反動衝突，最終不免發生劇烈的矛盾。西元二〇一四年伴隨「雨傘革命」出現的大規模暴動，至今仍記憶猶新。

老實說，中國政府得制定「一國兩制」，簡直是不打自招。代表即便對外宣稱是一個國家，但現實卻非如此。而且所謂的民族國家，必須向內外展現政府權力的完善運作，就算制度不同，統治的壓力也很強。而此間產生的衝突，也必然會轉化為人民的不滿，容易引發大規模的暴動。

這個制度不但是現今中國的問題，也反映出了中國的歷史。正因為社會多元化，各地的習慣和風俗完全不同，也採行了不同的統治方法。再加上邊境的定義十分模糊，也導致了統治的複雜化。歷史造就的多元性，真的能夠用「民族國家」的框架就將其整合為一嗎？現在的中國，即便在「革命」開始之後，依舊懷抱著這個重大課題。

當然，臺灣也對「一國兩制」十分關注並保持戒備。這點也是敵視大陸、招致經濟低迷的蔡英文政府誕生的主要原因。

另外，中國社會結構的複雜程度，也從其經濟體制能一窺端倪。以國家的角度來看，共產黨堅持一黨獨裁；經濟方面，則打從鄧小平時代開始，就致力於發展市場經濟。過去，毛澤東的志向便是建立名實相符的「一個中國」，由上至下的所有的統治皆以社會主義和計畫經濟為依歸。不過，最後以慘敗告終。從那之後，中國承認民間社會多元性的存在和作用，並引進所謂的「社會主義市場經濟」體制。

以結果而言，中國完成了急速的經濟成長。不過，過程中也出現許多雜音。特別是現在經濟發展略有減速的傾向，對習近平政權來說，如何安全地軟著陸，可說是當前最迫在眉睫的課題。

走到這裡，中國反覆面對相同的問題，即是歷史的多元性和「一個中國」的矛盾。換言之，也可以稱之為現實和意識型態之間的落差吧。兩者之間的鴻溝深不可測，卻也不是一朝一夕造就。如果就本書探討的歷史經緯論之，這種矛盾的結構，或許也是難以迴避的必然。

換句話說，若不重新閱讀歷史，也無法了解當今中國所處立場和處境。

從儒教走向「中華民族」

其實，並不是只有中國嘗試將一個多元社會整合成為一體，雖然程度有別，但翻開亞洲史或東洋史，這種案例並不少見。而在過程當中，如何處理出現的磨擦和衝突，就是各國歷史的關鍵之處。

處理這項問題所採取的手段之一，就是宗教。其實世界三大宗教的伊斯蘭教、基督教和佛教，全部都發源自亞洲。這或許是因為宗教提供了整合多元性的普遍價值和意識型態，以及一種秩序體系，而正是貫穿整部亞洲史的主要課題吧。

這也不局限在單一宗教或是信仰。一個君王同時獎勵並信奉多個宗教，將生活在同一個區域內的不同信徒集合起來，企圖讓彼此共存在同一個社會的情況也所在多有。亞洲各地，宗教極其普遍，也廣泛存在於社會。既然如此，只有讓複數宗教和宗教象徵的普遍性價值出現重層化效果，才使得多元共存成為可能的選項，進而形成足以維繫統一的體制。

換言之，亞洲史並不容易出現政教分離的情況。在多元化性格如此強烈的社會，為了讓一個安定的體制能長久維持下去，如宗教這般具有普遍性的存在，絕對不可或缺。尤其需要使多種普遍價值達到重層作用的情況，這種傾向更是明顯。

政教分離之所以可以在歐洲成立，是因為歐洲的社會和信仰是由單一均質構造所整合。即便政教兩者分離，社會背後仍然存在一種確切的堅信，認為不會走向解體或分裂。相反地，要是在亞洲實施政教分離，體制和秩序恐怕會立刻崩解，招致無限的混亂吧。

把目光轉回中國，儒教和朱子學皆是整合的象徵。不過儒教是屬於漢人的意識型態和普遍價值，對於必須和蒙古、西藏共存的清朝政府而言，只靠儒教也無法成事。因此清朝的皇帝除了立志成為儒教聖人，為了完成普遍價值重層化的目標，同時也皈依藏傳佛教，而這個體制只持續到西元十八世紀為止。

近代以後，儒教和藏傳佛教這些概念，都被之前提及的「民族國家」和「一個中國」給取代。與此同時，取代清朝多元共存的新象徵——「五族共和」或「中華民族」等概念則時常被提起。由此再發展到鼓吹「中華民族的復興」和「中國夢」的習近平政權，全都能劃入從遙遠時代一路走到今日的中國史範疇。

重新檢視西方中心既定觀點的機會

以下這個段落，或許有畫蛇添足之嫌，不過筆者認為，中國史讀到這裡，應當可以放在更廣闊的視野下檢討。

我們日本人生來就背負著日本的履歷，對日本史最為熟悉和親近，這是當然的。而現代是一個由歐美創立標準的時代。不管有沒有意識到，幾乎所有的事情都以歐美國家的基準為參考，於是我們自然而然就接受了這樣的觀念。

對於歷史的見解也是相同的。話說回來，「歷史學」這門學問一開始就是從西方發祥而來，也按照所謂的西方中心史觀來論述。不只是西洋史的專家，就算在日本史或亞洲史的領域當中，也存在不少持這種看法的學者。

而且日本史和西洋史的歷史脈絡十分相似。西方曾在中世紀出現封建制度，經歷近代化之後一路發展至今。而日本史則給人同樣走過相同的過程，只是晚了幾步的印象。在這層意義上，日本人也較容易理解西洋史的梗概。

照理來說，日本人和中國人同樣屬於東亞人，臉型也很相似，也同樣使用漢字。然而，日本人對中國的言行舉止，卻時常感到無法理解或不快。對於容貌和語言都差異甚大的西方人，反而感覺親近，出現這種簡直矛盾的情況。

那麼，這種感覺和想法究竟是如何產生的呢？這個原因正如前述，日本人徹底沉浸在屬於自身的日本史和西洋史觀的時候，中國卻以截然不同的背景和條件發展出了獨自的中國史和亞洲史，一路走到現代。

西方式的觀念在某種程度上已經成為日本人的既定觀念，閱讀中國史時，對於中國這樣一個非西方式的國家，自然就打從心底視為異類。

總而言之，想要了解真實的中國史，必須先剔除日本人深受西方影響後的既定觀念，並重新正視中國積累的真切歷史。只要能做到這點，應當比較能夠理解中國人的想法或是言談舉止。

如果只了解西方及其史觀就容易產生偏見，而不小心對世界有了錯誤的理解。筆者認為，對中國和中國人的違和感或偏見，極可能是由此萌芽。體認到世界上還有與日本或歐洲相異的歷史存在，藉此重新審視我們的歷史觀，並反省檢討深植腦中的既定觀念，再加以打破。若能做到這點，何嘗不是一個好的機會。中國史的學習，正是其中一個有助於進步的題材。

後記

寫到這裡，本書終也完成校對工作。老實說，筆者從未想過竟然會以現在這種形式，撰寫一部中國通史。

本書的源起可回溯自前年（二〇一七年）十一月的一場「報告會」。今年（二〇一九年）三月，本書出版社（東洋經濟新報社）負責的另一本作品《作為素養的世界史學習法》（教養としての世界史の学び方，山下範久編著）功成付梓。在研究會的報告上，此書的負責編輯——東洋經濟新報社的岡田光司先生正好也在場旁聽。

筆者「報告」的內容，是從去年出版的拙作《世界史序說》中提綱挈領，做成摘要之後，發展成一篇足堪發表的「報告」。撰寫成文之後的版本收錄在前書《作為素養的世界史學習法》的第四章。就內容而言，並未再增添其他素材，這件事理應就此告一段落。

殊不知發表這份「報告」之後不久，就收到岡田先生的聯絡。希望筆者能「以中國史為題材做一份報告」。也就是直接用「口頭報告」的形式寫成文章，再編輯成書出版。

老實說，筆者過去並沒有寫過從古代到現代的中國通史，也沒有這種書籍的製作經驗，所以為此十分苦惱。不過，儘管尚有缺失，筆者確實也曾寫過世界史的書，既然中國史也屬於世界史的一部分，若無法從頭至尾梳理中國史，似乎也說不過去。岡田先生殷切勸說，希望我「一氣呵成來講一個中國史的故事」，最終筆者不敵他的熱情。而不知不覺間，本書內容順序也大致底定。

仔細想想，一旦設定本書的讀者是所謂的「外行人」，那麼專家的演講紀錄，其實是最適合當作入門的書籍。日本東洋史學的鼻祖內藤湖南的代表作當中，也有許多是演講錄或講義筆記。若將視野放到整個歷史學，卡爾（Edward Hallett Carr）的《何謂歷史》（*What Is History?*）也採用此種形式。筆者自己也是萬千讀者之一，既然曾經受過此類書籍的薰陶和協助，如果說自身不曾對撰寫此類書籍感到憧憬，或抱持關心的態度，那也是騙人的。

當然，和內藤湖南或是卡爾等作家相比，筆者不過班門弄斧。然而面對此等稀有的佳機，轉念一想，也想要體驗不同經驗。於是筆者不計後果，決定奮不顧身地著手寫作。本書綜合了約莫五到六回左右的講述內容，的確是一本小書。

筆者的聽眾除了責任編輯岡田先生以外，幾乎全是「外行人」。為了避免本書流於隨性，筆者又請研修員根無新太郎先生加入團隊，請他替我確認內容和方向。在本書繁瑣的文字化和成稿途中，獲得多方人士的協助和關照，連同岡田先生在內，請容筆者在此表達真誠的謝意。

由於本書最初的構想就不是研究書籍，自然難登當代認真的研究學者及大師慧眼。本書內容最多是在學術基礎之上，描繪筆者個人心中所想所思的中國史型態，並以直接、濃縮的方式，傳達給社會的一般讀者了解。

我們很容易將「中國」視為一個從古至今貫徹同一套邏輯的國家。不過我們生活其中的當代，也不過是漫長歷史長河中的一個階段。現在我們口中的「中國」，也只是世界史的一部分，還在不停的變化。這些都是正常的現象。儘管如此，我們應該改掉一不小心就將中國或東亞的歷史從世界切割開來思考的盲點。本書日文書名的「從世界史學習」（世界史とつなげて），雖是負責編輯的各位替我想出來的，但也十分切實地代替筆者表達了這份心思。

因此，筆者並非完全遵照現在最新的學說，或是過去學界的定說。而是打算在書中表現出自己可以接受，也時常向他人傳授的歷史體系。筆者一直堅信，最佳的學問態度並非來自於專家學者的封閉空間，而是在公開的知識場域互相交流。筆者相當快樂地講了一段歷史，若讀者諸君也能沉浸其中，真可讓筆者喜出望外。

所以，筆者非常樂意收到來自相同領域的批評或指教。這些收穫，應當都能成為種種契機，協助筆者更加完善自身的歷史體系和圖像。筆者十分期待今後的發展，也期許這些筆者意想不到的稀世佳機，能讓筆者繼續成長。

二〇一九年六月　寫於迎來初夏的賀茂之濱

岡本隆司

參考文獻

除了內文提及和引用的書籍以外，筆者特別精選了幾本易讀好懂的文庫和新書。另外，書單中也包含部分學術書籍，皆是不可錯過的優良讀物。無法滿足於本書的讀者諸君，請務必參考翻閱。

飯塚浩二，《東洋史と西洋史とのあいだ》岩波書店，一九六三年

石田幹之助／榎一雄解説，《增訂　長安の春》平凡社・東洋文庫，一九六七年

梅棹忠夫，《文明の生態史観》中公文庫，一九七四年

岡田英弘，《世界史の誕生——モンゴルの発展と伝統》ちくま文庫，

一九九九年
――・神田信夫・松村潤，《紫禁城の栄光――明・清全史》講談社学術文庫，二〇〇六年
岡本隆司，《李鴻章――東アジアの近代》岩波新書，二〇一一年
――，《近代中国史》ちくま新書，二〇一三年
――，《清朝の興亡と中華のゆくえ――朝鮮出兵から日露戦争へ》講談社，二〇一七年
――，《世界史序説――アジア史から一望する》ちくま新書，二〇一八年
――，《君主号の世界史》新潮新書，二〇一九年
――編，《中国経済史》名古屋大学出版会，二〇一三年
E・H・カー著／清水幾太郎訳，《歴史とは何か》岩波新書，一九六二年
貝塚茂樹，《中国の歴史》上。岩波新書，一九六四年
加藤弘之，《中国経済学入門――「曖昧な制度」はいかに機能しているか》名古屋大学出版会。二〇一六年

河上麻由子，《古代日中関係史——倭の五王から遣唐使以降まで》中公新書，二〇一九年
木越義則，《近代中国と広域市場圏——海関統計によるマクロ的アプローチ》京都大学学術出版会、二〇一二年
岸本美緒，《東アジアの「近世」》山川出版社・世界史リブレット，一九九八年
——，《地域社会論再考——明清史論集2》研文出版・研文選書，二〇一二年
桑原隲蔵，《蒲寿庚の事蹟》平凡社・東洋文庫，一九八九年
桜井邦朋，《太陽黒点が語る文明史——「小氷河期」と近代の成立》中公新書、一九八七年
斯波義信，《華僑》岩波新書，一九九五年
——，《中国都市史》東京大学出版会，二〇〇二年
島田虔次，《朱子学と陽明学》岩波新書，一九六七年
——，《中国の伝統思想》みすず書房，二〇〇一年

杉山正明，《モンゴル帝国の興亡》講談社現代新書，一九九六年
——，《クビライの挑戦——モンゴルによる世界史の大転回》講談社学術文庫，二〇一〇年
——，《遊牧民から見た世界史——民族も国境もこえて》増補版。日本経済新聞出版社・日経ビジネス人文庫，二〇一一年
妹尾達彦，《グローバル・ヒストリー》中央大学出版部，二〇一八年
谷川道雄，《隋唐世界帝国の形成》講談社学術文庫，二〇〇八年
檀上寛，《永楽帝——華夷秩序の完成》講談社学術文庫，二〇一二年
寺田浩明，《中国法制史》東京大学出版会，二〇一八年
内藤湖南，《中国近世史》岩波文庫，二〇一五年
——著／礪波護責任編集，《東洋文化史》中公クラシックス，二〇〇四年
狹間直樹，《梁啓超——東アジア文明史の転換》岩波現代全書，二〇一六年
長谷川貴彦，《産業革命》山川出版社・世界史リブレット，二〇一二年
原洋之介，《アジア型経済システム——グローバリズムに抗して》中公新

書，二〇〇〇年
本田實信，《モンゴル時代史研究》東京大学出版会，一九九一年
松井透，《世界市場の形成》岩波書店，一九九一年
松田壽男，《アジアの歴史——東西交渉からみた前近代の世界像》岩波書店・同時代ライブラリー，一九九二年
間野英二，《中央アジアの歴史——草原とオアシスの世界》新書東洋史⑧。講談社現代新書，一九七七年
宮崎市定，《隋の煬帝》中公文庫，一九八七年
——，《中国古代史論》平凡社選書，一九八八年
——，《雍正帝——中国の独裁君主》中公文庫，一九九六年
——，《中国史》岩波文庫，二〇一五年
——著/礪波護編，《中国文明論集》岩波文庫，一九九五年
——著/礪波護編，《東西交渉史論》中公文庫，一九九八年
——著/礪波護編，《東洋的近世》中公文庫，一九九九年

——著／礪波護編，《アジア史論》中公クラシックス，二〇〇二年
村松祐次，《中国経済の社会態制》東洋経済新報社，一九四九年（復刊版一九七五年）
森本一夫編著，《ペルシア語が結んだ世界——もうひとつのユーラシア史》北海道大学出版会，二〇〇九年
森安孝夫，《シルクロードと唐帝国》興亡の世界史 05。講談社，二〇〇七年
Elvin, Mark. The Pattern of the Chinese Past. Stanford: Stanford University Press, 1973.
Morse, Hosea B. The Trade and Administration of the Chinese Empire, 1st ed. Shanghai, etc.: Kelly and Walsh, 1908.
——. The International Relations of the Chinese Empire, Vol. 2, The Period of Submission, 1861- 1893. Shanghai, etc.: Kelly and Walsh, 1918.
Rozman, Gilbert. Urban Networks in Ch'ing China and Tokugawa Japan. Princeton: Princeton University Press, 1973.

國家圖書館出版品預行編目 (CIP) 資料

歷史學家寫給所有人的中國史 : 從環境、氣候到貿易網絡 , 全球視野下的中國史 / 岡本隆司著 ; 侯紀安譯 . -- 初版 . -- 新北市 : 臺灣商務印書館股份有限公司 , 2021.09
面 ; 14.8 × 21 公分 . -- (歷史 · 中國史)

譯自 : 世界史とつなげて学ぶ中国全史
ISBN 978-957-05-3352-1（平裝）

1. 中國史

610　　110012467

歷史 · 中國史

歷史學家寫給所有人的中國史：

從環境、氣候到貿易網絡，全球視野下的中國史

作　　者——岡本隆司
譯　　者——侯紀安
發 行 人——王春申
選書顧問——林桶法、陳建守
總 編 輯——張曉蕊
責任編輯——徐　鉞
封面設計——盧卡斯
內頁排版——薛美惠

行銷組長——張家舜
業務組長——何思頓

出版發行——臺灣商務印書館股份有限公司
23141 新北市新店區民權路 108-3 號 5 樓（同門市地址）
電話：（02）8667-3712　傳真：（02）8667-3709
讀者服務專線：0800056196
郵撥：0000165-1
E-mail：ecptw@cptw.com.tw
網路書店網址：www.cptw.com.tw
Facebook：facebook.com.tw/ecptw

局版北市業字第 993 號
初　　版——2021 年 09 月

印 刷 廠——沈氏藝術印刷股份有限公司
定　　價——新臺幣 430 元

法律顧問——何一芃律師事務所